今の自分に合う メイクの正解

なんとなくの
自己流から
抜け出す

YUTA.

日本実業出版社

「これでいいの!?」
「なんか違う……」を
繰り返す日々

帰宅して、洗面台で手を洗いながら、
ふと見上げた鏡に映る自分の顔を見て、ため息が出る。

「なんか疲れた顔してるな。それにしても老けたな……」

思わず手で頬を引き上げてみる。

一度や二度感じただけではない。

毎朝、起きて鏡を見るたびに思う。

「これでいいの⁉」と思いながら、

はるか昔、見様見真似で覚えたメイクでちゃちゃっと済ます。

でもイマイチパッとしなくて、だんだん厚塗りになっていく。

なんか変だな、なんか違うなっていう気がするけれど、

時間もないし、とりあえず。その繰り返し。

鏡や窓に映る自分が、
思っている自分と違う……

小走り気味に急いで駅に着く頃には、
メイクがドロドロになってる。
なんで？　あの人がおすすめしてたやつ使ったし、
それなりに値段のする化粧品なのに。
でも、どうせ元が違うから、しかたがないのか……。

電車の窓に映る自分から目をそらす。
朝イチで会った人に「なんか疲れてる？」なんて
声をかけられた日にはイラッとして、
一日中気分が落ち込む。

会社のトイレの鏡って
なんかいつも映りがよくないと思ったり。
でも、自宅に帰っても、洗面台の照明がイマイチだから
顔色が悪く見えるのかもしれないと感じたり。

いつしか鏡を見るのがつらくなっている。
ここ何年かずっとそう。

いつから鏡を見るのがつらくなったんだろう

自分の顔を見られることから目をそむけてしまう。

結婚式、パーティ、同窓会はもちろん、
家族や友人たちとの集合写真でさえも。

写真を撮られるとき、自然と遠ざかってしまう自分がいる。

きっと、あきらめかけているから、
自分の顔を直視できなくなっているのかもしれない。

でも、本当にあきらめているの？

いや、だって、これまでもずっとつきあってきた、
これからもずっとつきあっていく自分の顔だから。

自分の顔を好きになりたい。
少しでもよくなりたいという気持ちはある。

あきらめかけているけれど、
本当はあきらめたくはない

もし、朝、自分の顔を鏡で見て「なんか、いいかも！」と思えたとしたら。

きっと、機嫌よく1日がはじまるのではないでしょうか。


思い出してください。「なんか疲れた顔してるな。それにしても老けたな……」。自分の顔を見て、ため息が出る日々と、そうでない日は何が違うのか。

自分が「こんなふうだといいな」と思う顔であるかどうかで、1日がまったく変わる。


じゃあ、どうすれば、自分が思う顔に近づけるのか。

それを可能にするのが「メイク」と「美容」です。


ただし、これからお伝えすることには、自分と向き合う覚悟が必要です。でも、一度身につくと、誰でもできることでもあります。

何より、あなたは、この本を手に取った今、「自分が変わる」最初の一歩を踏み出しているのです。

はじめに――メイクと美容で人生は変わる

自分のメイクに、満足、納得していますか？

「鏡を見ると相変わらずパッとしない自分がいる」
「これまでテレビや雑誌で見たコスメをいろいろ買って試してみたけれど、それほど効果がない」
「若いときに覚えた見様見真似のメイクをやり続け、長年なんとなくのやり方で、少しでも若く見せようとしているけれど……」

さきほどのプロローグで綴った心情をはじめ、このような悩みを持つ人は少なくないのではないでしょうか。そこで手に取るのがメイクや美容の本かもしれません。

ただ、多くのメイクや美容の本では、きれいな人をモデルにして、プロがおすすめするメイクの仕上げ方やアイテムを使えばできると書いてありますが、ほとんどの人はそれができないから困っているのだと思います。

なぜ、できないのか？　本や雑誌の写真に写っているほかの人の顔を見て、それをやろうとするからです。

本書は、ずばり、自分に合うメイクと美容が見つかり、自分らしく輝くための実用書です。

私がお伝えしているやり方は、単なるメイクや美容のノウハウではありません。それはプロのヘアメイクとして第一線で30年以上活動してきたなかで見出した、メイクや美容の本質です。

とくにメイクや美容をする前、つまり「メイク以前」「美容以前」に知ってほしいことを意識して構成しました。

それらを踏まえたうえで、メイクや美容の基本やテクニックも紹介し、メイクの呪縛がとけて、最終的にはプロのヘアメイクがやっていることを、自分でできるようになることをめざしています。

また、本書では、ビフォー・アフターや、写真による解説はあえて入れていません。**自分の顔ととことん向き合うためです。**これこそが本当に大切なことなのです。

人それぞれ味覚が違うように、メイクの仕上げ方や好みも人それぞれ。**自分に合ったものを見つけられるのは、その人自身だからです。**

そして、イキイキとした印象に整うと、その人の考え方や生き方、人生までもが劇的に変わっていきます。「大げさな……」と思われるかもしれませんが、本当です。

メイクと美容で人生が変わる3つの理由

私は現在、ファッション誌や芸能人のプロのヘアメイクとして撮影現場に出たり、会員制サロンで業界関係者のヘアケア、一般の方向けにオンラインのメイク講座、そしてメイクや美容の商品開発などもしています。

この本でご紹介する内容は、それらの経験から次の3つがもとになっています。

1つ目は**私自身の体験**です。私は数年前まで常に体調不良、マイナス思考、人前に出たり話したりするのが苦手で自己嫌悪の塊でした。

ヘアメイクを通して黒子として人を輝かせることは生きがいでしたが、自分とは向き合っていませんでした。

ところが、コロナ禍をきっかけに「人を喜ばせること、誰かの役に立てることはないか」と考え、Instagramでエイジング向けにメイクのやり方を伝える投稿をはじめました。

はじめは写真に映る「歳を重ねた自分」を見ることに抵抗がありましたが、日々のお手入れを見直し、仕上げ方を工夫し、美容の習慣を改善していきました。

本気で自分と向き合い、「今の自分」を受け入れていった結果、自己肯定感が生まれ、健康にもなり、人前に出ることに抵抗がなくなったのです。

そのような自らの経験です。

2つ目は、オンラインのメイク講座での指導による実証事例です。

「メイクが苦手な人」「メイクのやり方がわからない人」「メイクした自分の顔が嫌いな人」たちに対して、3か月集中のオンライン講座を提供しています。

この講座では、スマホで自撮りをしながら、自分が思っている顔と他人から見られている顔のギャップを可視化し、そのズレを修正していくことを重視しています。

オンラインですので私が手を加えることなく、その人が自らの手で本当に似合うバランスでメイクができるようになります。

見違えるように素敵になるのはあたりまえで、内面にも磨きがかかり自己肯定感が跳ね上がるのです。

講座では、まず、スマホのカメラで自分の顔を見つめていただきます。

というのも、鏡で見る自分の顔と、まわりから見られている顔が違うからです。

たとえば、不意に写真を撮られたときの不機嫌な自分の顔に驚いたことはないでしょうか？　恐ろしいほど頬が下がり、への字口、気力のない目……。

一方、鏡の中では口角を上げ、上目づかいで目を大きく見せたり、よく見える位置を確認しています。

このときに見た顔が「いつもの自分」だと思い込んでいる人が多いのです。しかし、実際には不意に撮られた写真のような不機嫌な表情で1日をすごしています。

本当の自分の魅力を開花させるために、「自撮り」と「視覚化」でそのズレをなくしていきます。

シミ、シワ、たるみのある年齢を重ねた「今の自分」の顔から目を背けず、自分を徹底的に客観視した結果、**自分にとって、何が必要で何が不要かが、わかるようになる**のです。

そして3つ目は、私がプロのヘアメイクとして、芸能界やファッション業界で活動していること。

女優やモデルは見た目の美しさだけではなく、日々の努力によって磨かれた内面の美しさが際立っていて、一緒にいるだけでテンションが上がります。

こうした、この業界でしか味わうことのできないエネルギーやノウハウをオンライン講座やインスタライブなどにも反映させることで、一般の方々の見た目やモチベーションを飛躍的にアップさせています。

そのような経験から学んだのは、その人自身のメイクや美容に対する意識や考え方であり、「こんな自分でありたい」という決意です。

髪を切ったり、エステに行ったりすると、その瞬間はきれいになったように感じますが、継続して自分でお手入れできなければ意味がありません。

自分と向き合う過程で気づき、努力するからこそ、内側からの自信と魅力があふれ出てくるのです。そして、人生が劇的に変化していくのを実感します。

そうすると、二度と自己嫌悪に陥りません。

大丈夫。あなたも必ずできます。

今の自分に違和感を感じたとき、それはあなたの磨きどきともいえます。
まず一歩を踏み出す勇気が持てれば、きっと「今日の私、なんかいいかも！」と思える自分に出会えます。
メイクや美容の習慣を変えることをきっかけに、見た目が整い、自信を手にし、気づいたら人生も変わっているからです。

この本の3つの特長

1

おすすめのテクニックが主役ではなく、
おすすめのコスメが主役でもなく、
読む人が主役の「プロのヘアメイクがしている
ポイント」が自分でできるようになる本

2

この本には、あえてビフォー・アフターは
載せていません。なぜなら、誰かの変化ではなく、
あなた自身が変わる本だから

3

ほかの本ではあまり触れられていない、
ファンデーションを塗ったり
眉を描いたりする前の
「メイクをする前に大切な基本」がわかる本

目次

なんとなくの自己流から抜け出す
今の自分に合うメイクの正解

第3章 プロが教える、意外と知られていない「メイク以前の基本」

第4章 テクニックは基本を知っているからこそ活きる

第6章 究極的にはどんなコスメでもいい。でも、ツールしだいで輝く速度は変わる

第7章 あなたがずっとほしかったのは「自分に合うメイクができるチカラ」

ブックデザイン　杉山健太郎
企画協力　ブックオリティ
イラスト　harumi
DTP　ダーツ

第1章

「本当にこのままでいいの?」という自己流メイクの呪縛

正解がわからないから、呪縛になる

メイクの正解？

その前に、まずイキイキした印象の人とそうでない人の差って、なんだと思いますか？

ずばり、今の自分に満足したり納得しているかどうかではないでしょうか。

年齢を重ねた自分を受け入れることができれば、「少しでも若く見せよう」なんて思わないはず。

でも、きっと過去の自分がよかったと感じていて、だから、少しでも若く見せようとしてしまう。それは気づいたら、呪縛のように。

本当に大切なのは、鏡を見たときに「今日の私、なんかいいかも！」と思えること。

メイクのシンプルな正解があるとしたら、それだと、ヘアメイクとして30年のキャリアの私は断言します。

厚塗りメイクの魔女化

なんか違う。これでいいのかな？
手応えを得られないまま重ねすぎて厚塗りになり、シミやシワを隠そう隠そうとして魔女化していく……。

白浮きした肌にシワが目立ち、細くつり上がった眉、シワシワの薄い唇、パサついた髪。
物語に出てくる魔女のイメージってこんな感じですよね。この要素が、少しでも入ると魔女化していきます（一方で、あきらめて薄塗りになったり、頬が下がったり、鼻が湾曲したり、口がへの字になったりするなどして魔女化するケースもあります）。

じゃあ、そうならないためにどうすればいいの？

答えは簡単。この逆になるように仕上げればいいのです。
素肌のような健康的な肌の色、ふんわり優しい立体的な眉、ふっくら血色感のある唇、ツヤとハリを感じるまとまりのある髪です。

間違ったメイクや美容を続けると、顔全体のバランスが崩れ、必要以上に老けて見えてしまいます。

無理なメイクやケアを重ねると、かえって不自然さが際立ち、「魔女」になってしまうのです。

「老けて見える」には理由があって、「シャレて見える」にはコツがあるのです。

私はよく「シャレる」という表現を使いますが、とても多くの方がこの言葉に共感してくださいます。

「おしゃれ」や「きれい」という言葉に抵抗を感じる方もいるかもしれませんが、内心では「今より少しでもよくなりたい」と願っている方にこそ響く言葉です。

私が考える「シャレた人」とは、健康的で、清潔感があり、ファッションやメイクに無理がなく、年齢に抗《あらが》わず自然体で今を自分らしく輝いている人です。

誰でも簡単にシャレることはできます。

年齢を重ねた自分を受け入れ、今の自分に合ったお手入れやメイクをする。

ただこれだけです。

撮影現場でもモデルや女優にメイクを仕上げた際、私が「シャレたよね？」と聞くと、「うん！　すごくシャレた！」と、笑顔で答えてくださる瞬間があります。自分に自信が生まれ、心から楽しむことができる。それが本当の「シャレる」姿です。

歳を重ねるごとに自信を持ち、無理せず自然体でいることで、誰もがもっと自分らしく、そして魅力的に輝くことができるのです。

メイクの魔法がかかる瞬間

メイクには「チカラ」があります。

そのチカラを伝えようと、世の中にはたくさんのメイクや美容に関する情報があふれているのに、多くの人が「うまくメイクができない」と悩み、「歳を重ね老けこんだ自分の顔が嫌い」といいます。

それはなぜ？

理由は、メイク以前にやるべきことを知らず、自分の顔を理解していないことがいちばんの原因です。

多くの人が「憧れの人」の顔に、自分の正解を見つけようとしています。
でも、それは本当に「あなたらしさ」を見つけることにつながるのでしょうか？
人それぞれ骨格や肌質、髪質が異なり、違う条件の人に自分を重ねても理想どおりにはなりません。

メイクや美容は、単に外見をきれいに見せるためだけのものではありません。
メイクや美容をしていくプロセス自体に、外見だけでなく、自分を磨き、癒やしながら内側からの自信を引き出してくれるチカラがあるのです。

「なんだか今日はメイクする気分じゃない……」

忙しくすぎていく日常のなかで、ホルモンバランスによる気分のムラをはじめ、体調の変化など、精神論や気合いだけで乗り切ることができないときもあるかもしれません。

しかし、**マインド、テクニック、美容の習慣は「なりたい自分」になるためのマストな3つの要素です。**

見た目の印象をかたちづくるのは、メイクや美容の表面的なことだけでなく、内面も重要です。

どれだけ自分自身に納得した毎日をすごせているかで顔の印象は変わります。

実際、メイクも上手ですごくきれいなのに、ツンツンしていて近寄りにくい人っていませんか？　そんな人に魅力を感じるでしょうか？

「今日の私、なんかいいかも！」と心から思える自分に出会うためには、日常のなかでの自分のベストを知ること。

この手応えを得るためには、まずは「自分の顔」で、自分の顔に合ったメイクができるようになることです。

最初から完ぺきでなくてもかまいません。試行錯誤を重ねるなかで、少しずつ自分に合ったメイクがわかってくるものです。

「どこを引き出せばもっとよくなるかな？」と、1つずつ改善していく。その繰り返しが、自分の顔にしっくりくるメイクが見つかる道になります。

大切なのは、今の自分をしっかり見つめること。自分の肌や顔をよく見て、しっかり考えてメイクやコスメを選ぶこと。

自分の顔を知る。具体的には、自撮りをして、自分の顔のかたちや肌の色の特徴を客観的に確認することです。

これを繰り返しやっていくと、自分をどの角度から見ても満足でき、納得するメイクがわかるようになります。

あなたにも、きっと「これだ！」と思える瞬間が訪れます。

たとえば、ある朝「このリップが私にぴったりだ！」と感じたとき、自然に笑顔がこぼれ、自信が湧き出てくるでしょう。それはメイクの魔法がかかった瞬間です。

「自分らしく輝くメイク」は3層構造からできている

ここまでお伝えしてきたこともふくめて、メイクや美容に関して、私は次の3つからできていると考えています。

それは、「移り変わるもの：流行、ツール」「大事にするもの：メイクと美容の基本」、そして「根底にあるもの：自分」です。


まず、「移り変わるもの」とは「流行やツール」です。

そのときの流行をはじめ、時代によってもメイクの仕上げ方は変わります。

「今っぽさ」を出すには「流行の色やスタイル」を取り入れれば簡単にトレンド感のある仕上がりにできます。

ただ、流行の移り変わるスピードの速さに追いつけず、結果的に一度取り入れたらずっと同じものを使い続けてしまう方が多いのも事実です。


次に「大事にするもの」、それは「メイクと美容の基本」です。メイクの基本とは、バランスのとり方です。

バランスよく見える顔立ちにするために基本の考えがあり、その手順を踏まずに流行を取り入れても、どこかアンバランスな仕上がりになってしまいます。美容の基本も同様に、正しい知識にもとづく日々のケアが重要です。

いちばん大切なのは「根底にあるもの」。「自分」です。

今の自分の状態を理解し、目を背けずに本気で向き合い、どうすればいいか考える。そうすると、自分が本当に必要とするケアやメイクが見えてきます。

メイクや美容は、他人のためではなく「自分自身のために」するものだから。

自分らしく輝くメイクの３層構造

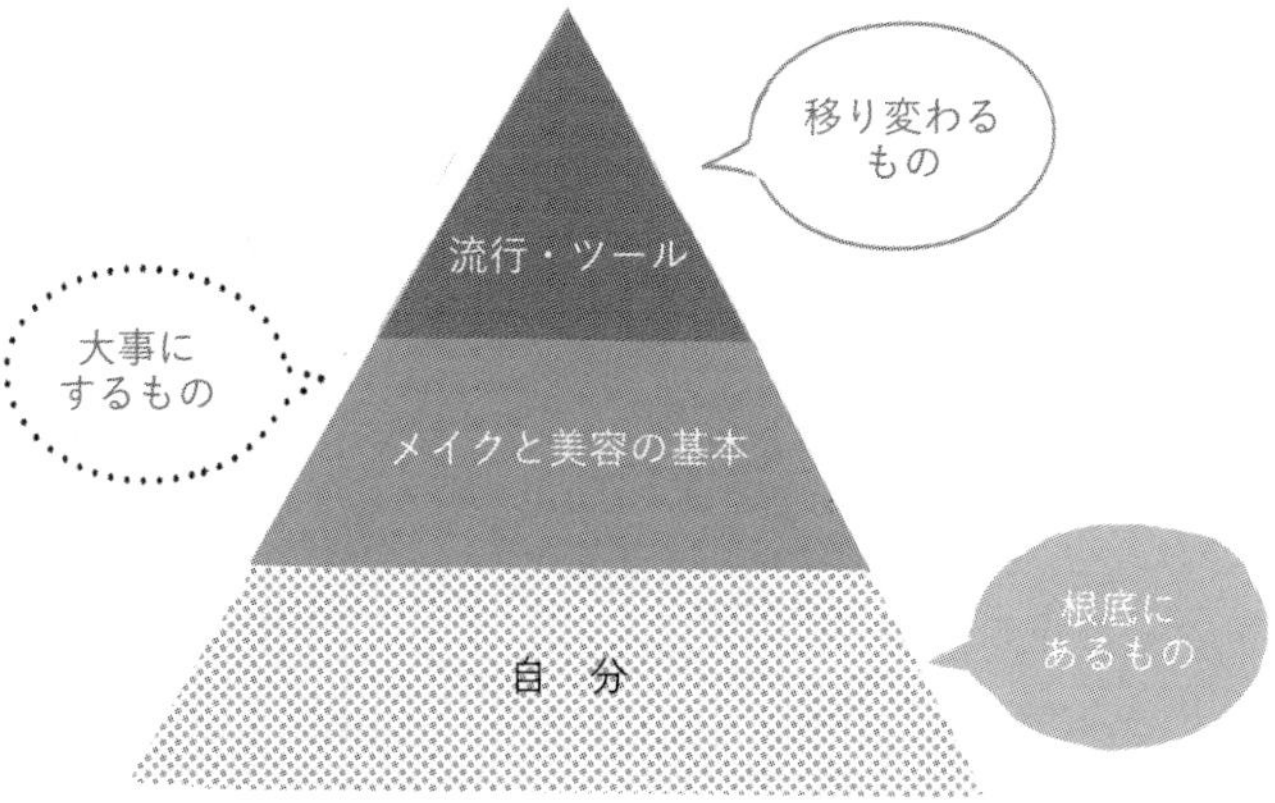

この図の逆三角形で、
「流行・ツール」が大きく、
「自分」の部分が小さい人が多く感じます

メイクも肌も
3か月で大きく変わる

体の細胞は3か月で生まれ変わるといわれています。

こうした自然のリズムを活かし、私のメイク講座も「3か月の集中プログラム」で進めています。

この「3か月」という期間で、肌も表情も、そして意識もふくめて自分の「シャレ顔」が確実にアップデートされていくのです。

このメソッドのきっかけは、コロナ禍の頃にさかのぼります。

外に出られず、「何か役に立つことを」と思い、はじめたInstagramの投稿への反響からです。

同世代からの悩みや質問は想像以上で、多い日はDM（ダイレクトメッセージ）で250件を超えたことも。

「これでいいの？」という相談が増え、しだいに「自分に合うメイクがわからない」「何を使ってもピンとこない」といった心の声も透けて見えてきました。

ただし、見知らぬ方々の顔や生活スタイルを知らないなかでのアドバイスは、なかなか結果が出ない……。プロのヘアメイクとして、このジレンマは苦しいものでした。

そこで、「みなさんが本当に自信を持てるまで寄り添いたい」と決意し、オンライン講座の立ち上げに挑戦することにしました。

多くの方が、自分を認められず、流行のコスメやなんとなくのスキンケアに頼りがちでした。

そのため、内面と外見をともに高め、日々の変化を実感できる3か月間のプログラムとして「YUTA.式シャレ顔メソッド」を編み出しました。

最初に行うのは、ここまでも何度かお伝えしている「自分を見つめ直すこと」。自分の性格や悩みを書き出すワークからスタートします。

これを聞いて、受講した方は最初「え!?　メイクの話じゃないの?」と思うことも少なくありません。でも、じつはここがいちばん大事なプロセスなのです。

自分の内面を見つめることで、「私は何を変えたいのか?」「何に悩んでいるのか?」「何が嫌だと思っているのか?」が明確になります。

この作業をしないと、本当の変化にはつながらないのです。ここを乗り越えると、受講生のみなさんは一気に変わりはじめます。

「最初は不安でいっぱいだった」「自分を直視するのが怖かった」といっていた受講生のみなさんも、3か月後には自信に満ちた笑顔で輝くようになっていくのです。

その姿を見るたび、美しさとは外見だけではなく、内側から湧き上がる自信と内面の強さがともなうものであると、再確認させられます。

では、なぜ3か月続けると、人は変わるのでしょうか？

1日で大きな変化が起こる人は少ないかもしれません。でも、毎日少しずつ積み重ねたものは確実に変化し、新しい習慣となります。

3日、3週間、3か月と続ければ、肌の質感、見た目の変化がわかります。

何よりも大切なのはコツコツ続けていくこと。一度にすべてを変えなくていい。

これが、3か月のプログラムでいちばん大事にしている考え方です。

これから紹介するメイクや美容に関することも、あせらず、あきらめず、今日から取り組んでみてください。

3か月後、鏡に映る自分に驚き、「あのとき、一歩踏み出してよかった」と思う日が必ずくるはずです。

第2章

「ありのままの自分」を見つめると呪縛はとける

メイクと美容で何より大事な3つのこと

これからお伝えするメイクや美容に関するポイントは、大きく3つに集約されます。

1　まず、ありのままの今の自分を見つめる

フィルター加工に頼らず、今の自分を受け入れることが第一歩となります。

2　メイクと美容の基本を学び、自分の顔で実践する

基本を無視してテクニックを実践してもバランスが崩れてしまいます。メイクと美容の基本を知り、日常で使いこなせるようにすることが大切です。

3　体調やTPOに合わせながら、美容の習慣を日々続ける

季節や気分に応じて、自分の肌や気持ちと向き合いながらケアを重ねていきましょう。これが、エイジングに抗わずに自然な美しさを引き出す秘訣です。

これら3つを意識すると、今の自分に合うメイクと美容の習慣が身につきます。

悩みを書き出すことで
内面と外見の
両方が磨かれる

自分の顔への不満というのは、なかなか人に相談ができないものですが、悩みの種を書き出すことで、客観的にその原因を知ることができます。

たとえば、こんな日って、ありませんか？

朝、出かける直前の鏡の前。ふと感じる「モヤッ」とした違和感を抱えたまま、1日がはじまる。

気分が上がらないままますごし、疲れて帰宅。出かける直前の「モヤッ」とした気持ちは残ったまま。

その「モヤッ」とした気持ち、じつはそれは、**あなたのメイクや髪型、顔立ちに対する違和感かもしれないのです。**

思いつくまま自分の気持ちを紙に書き出してみましょう。これは、オンラインのメイク講座でも実際に取り入れている方法です。

最初に、自分の顔の悩みを50個書き出し、そのあと、長所を50個書き出していきます。悩みを書くことで「自分の内側にある本音」と向き合い、長所を書くことで**「自分を客観的に見つめる視点」**が生まれるからです。

「毎日同じ眉にならない」「眉が左右対称にならない」「アイラインがうまく描けない」「シミが隠れない」。こうした悩みは尽きないもの。

紙に書かれた言葉は、頭の中でモヤモヤと巡る悩みをはっきりと言語化し整理してくれます。

それは、あなたが理想とする姿と今の自分とのギャップを可視化することにもつながります。

そして、次のプロセスを通して悩みを解決していくことで、なりたかった本当の自分に一歩ずつ近づいていきます。

まず、自撮りをします（自撮りのカメラの設定等は後述します）。

鎖骨の下くらいから頭の上までが入るように、カメラを少し離して撮影します。

正面で1枚、そのままの位置で目を軽く閉じて1枚、左右の横顔の写真の合計4枚を撮影します。目を閉じた写真を撮る理由の1つは、まばたきをするたびに眉の位置が変わるので、眉の位置が変わった顔全体を確認するためです。

撮影した写真と、先に書き出した50個の悩みと長所を見比べていきます。

たとえば、「眉が嫌い」と悩みで書き出していたとします。

言葉では漠然と「眉が嫌い」と書いているだけでしたが、写真で見ると眉頭が離れていることに気がつき、「眉が離れていたから違和感を感じて、自分の眉が嫌いだったんだ！」とわかる。

「じゃあ、この離れた眉をどうすればバランスよく見えるようにできるかな」と考えて、その改善策を悩みのあとに矢印をつけて書き出します。

たとえば……。

●悩み・眉が嫌い
↓眉と眉の間が広く見えるので、少し近づくように気をつけて眉を仕上げてみる

そのほかにも、とくに横顔の写真を見て、あごや頬のたるみに愕然とする人は多いです。

●悩み・顔のたるみ
↓頬やあごの下のたるみには、毎日スキンケアのときにマッサージに時間をかける

●悩み・顔がテカってメイクが崩れやすい
↓おでこと頬がテカッているので、毛穴ケアをするのと、メイク崩れしにくい下地に変えてみる

優先して改善していくべきは、箇条書きにした悩みと、写真で気になったことが一致する部分です。

そして、改善すべく、考えて仕上げたメイクを再度自撮りをして写真を確認する。すると、その印象の違いに気がつくはずです。

メイクができないと悩んでいる方の多くは、鏡の中だけではその違いや変化に気がついていないのですが、写真を撮ってじっくり見比べていくとわかるようになっていきます。

「原因」と「改善点」、そして「いいところ」がわかるから自分に合うメイクがわかる、自分らしく輝いていく、というふうに変化していくのです。

まとめると、こうです。

1 「悩み」と「いいところ（長所）」を書き出す
2 自撮りする
3 写真を見て、いいところを見比べ、改善点を書き出す
4 実践（改善したメイクをやってみる）
5 自撮りで確認する

自撮りは４枚

正面で１枚、
そのままの位置で目を軽く閉じて１枚、
左右の横顔の写真の合計４枚を撮影します
※スマホで反転させて撮影した写真によって、
人から見た自分の印象を確認できます

「いつも鏡で見ている自分」と「人から見える自分」は違う

「なにこれ？　これが私!?（思っていたより変）」

友だちから送られてくる写真を見て、こんなふうに思ったことはありませんか？

そして、何気なく映り込む自分の姿に違和感を覚え、そっと写真を削除したことは？

また、写真映りということでいえば、「写真だときつい人だと思われるようなので、写真映えするメイクが知りたいんです」と相談されることもよくあります。

鏡で見た自分と、写真に映った自分。どちらも同じ自分なのに、何かが違う。実際に、「いつも鏡で見ている自分」と「他人から見られている自分」には大きな違いがあるのです。

その違いを単刀直入にいうと、いつも鏡で見ている自分は左右が反転しているからです。

「メイクがうまくできない」という人は、鏡で左右反転した自分しか見ていないので、どんなメイクに仕上がっていて、人からどんなふうに見えているかがわかっていないのです。

「今の自分の顔」と真剣に向き合う。これまで自分の顔にコンプレックスがあっても見ぬふりをして何十年もすごしてきた人ほど、自分を見ないクセがついています。

私たちは日常で表情筋を意識せず、無意識の表情ですごしています。

しかし、年齢を重ねた肌には、たるみやゆるみが生じ、それが少し不機嫌そうな印象を生むこともあります。

たとえ本人がそう感じていなくても、周囲にはその印象が伝わっているかもしれません。

だからこそ、鏡の前だけでなく、自撮りを通して「素の自分」を知っておくことが大切なのです。

自撮りをして、素の自分がどんな顔か、自分がどう見られているかを知ることで、「自分が思っている自分」とのギャップに気づき、改善への一歩が踏み出せます。

「今の自分の顔」を見つめるようになると、鏡で見る自分の顔と人から見られる顔が一致するようになります。

まずはスマホのカメラを起動して、一度「自撮り」をしてみましょう。

1　スマホで「自撮り」をして今の状態を知る

ふつうに自撮りをすると左右が反転してしまうので、カメラの設定を次のように変えます。「設定」→「カメラ」→「前面カメラを左右反転」をオフにします（iPhoneの場合。Android スマホの場合をはじめ、機種によって、この操作が異なります。そのときにはアウトカメラと同じになるように設定してください。自撮りをした写真が最終的に「鏡で見ている自分と反転＝人から見た自分」になっていればＯＫです）。これで撮影すると人から見た状態と同じになります。正面の顔（目が開いた状態と閉じた状態）と、カメラに対して肩を水平にしたときの左右の横顔の計４枚の写真を撮影します。

2　撮影するときには、リラックスして、肩の力を抜いて

お尻の穴をキュッと締め、おヘソを引き上げ、背骨を長くのばすイメージで、肩と顔の力を抜き、舌を上あごにベターッとつけ、頬を軽く引き上げて、パシャ。

「自撮り」のメソッドに気がつくことができたのは、Instagram の投稿を通して、自分自身で学んだことが大きいです。

ＳＮＳでは見ず知らずの方からのいろいろな言葉をいただくことがあります。プラスのこと、反対にそうではないこともふくめて、自分では気づいていない視点を持った人からの言葉はとても新鮮です。

この視点を自分でも持てるようになるべく、自撮りをすることで客観的に自分をとらえることができるようになることが大切です。

「ありのままの
自分」を見て、
どう感じましたか?

スマホで自撮りをした自分の顔を見て、どう思いましたか？

「いつも通りの自分」と思いましたか、それとも少し驚きましたか？

もしかしたら、「思っていた以上に年を感じる……」と、少しショックを受けた方もいるかもしれません。

疲れた感じの表情に、心が沈んでしまった方もいるのではないでしょうか。

思うような自分になれなくて、自分を好きになれず、もがき苦しみながらの日々。

鏡を見て、やるせないせつなさが込み上げた、あの瞬間。

あのときの感情は、今も真空パックに保存されたように胸の奥にあるまま。

そのなんともいえない気持ちを抱え続けた結果、本当は何か変わりたい、変えたいのに、立ちすくんでしまう。

そして、自分のことなのに、いつの間にか、どうしていいかよくわからなくなっている。

しかし、どうかがっかりしないでください。今、自分を見つめたことは、あなたにとって大切な一歩だからです。

「思っていた自分と違う」。その違和感に気づくことは、「自分と向き合う覚悟」を決めたからこそ覚える感覚です。

今の自分を受け入れ、現実を知ること。それはメイクにおいても美容においても、ものすごく大事なんです。

たとえば、美容院で髪をカットした自分を鏡で見ると、「なんか、いいかも」と自然と自信が湧いてきますよね。

いつもとは違う整った自分に気持ちが上がり、鏡を何度も見る。

その反対に、疲れたときや落ち込んでいるとき、なんか野暮ったいと感じているときは鏡を見たくなかったりします。

同じ鏡を見る動作でも、こうも心の中は違います。

自撮りをして、今の自分を見つめる。それは自分を受け入れることであり、未来の輝く自分と出会うためのスタートでもあるのです。

自撮りをした写真を、時間をかけてじっくり見つめてみてください。最初は少しつらい気持ちやいろいろな思いが込み上げてくるかもしれませんが、ただ写真を「見る」ことに集中します。何も考えず、ただ自分を受けとめる。

余裕が出てきたら、少し画像を拡大してみてください。おでこや、頬、眉や口もとを1つずつ見つめて、最後にまた全体に戻してみる。

そして、あらためて自分を見つめたことで、これまで逃げてきたり、どこかあと回しにしてきたりした自分を知ることができた。ずっと頑張り続けて本当はしんどかった自分がいたことに気づくことができた。そんな自分をほめてあげてくださいね。

第3章

プロが教える、意外と知られていない「メイク以前の基本」

メイクは集中して短時間でやる

「朝はバタバタしていて。天気も気になるし芸能ニュースだって知りたいから、ついテレビを見ながらメイク。でも、時間がないからか、なんだかうまく決まらない」

朝のメイクがうまくいかない原因、ずばりいいましょう。それは「時間がない」のではなく、**「ながらメイク」**にあります。

忙しさに追われながら、いつの間にか完成してしまうメイクが原因です。

じつは、私自身もかつては「ながらメイク」をしていました。とくに忙しい朝は「さっさとメイクをただ終わらせる」ことばかりを考えていました。

鏡に映る自分と向き合うのがめんどくさいと思っていましたし、テレビを見ながら適当にメイクをして、出先で鏡を見たときに「あれ？　なんかうまくできてない……」と愕然としたことが何度もありました。

ただ、プロのヘアメイクとしては、たった数分でもモデルや女優の顔に全神経を注いでメイクを仕上げます。その結果、自然で洗練された仕上がりが生まれるのです。

そして、あるとき、気づいたのです。ふだんの自分のメイクも単なる作業ではなく**「今の自分を整えるための心の時間」**なのだと。

メイクは、単なるルーティンではなく、その日を気持ちよくスタートさせるための「大切な時間」です。朝、20分間だけでいいので、メイクに集中してみましょう。

次は、そのメイクの時間を「最高の集中タイム」にするためのポイントです。

1　アイテムを整理する

使わないコスメを断捨離し、必要なアイテムだけを1か所にまとめます。小物が散らかっていると、それだけで集中力が削がれてしまいます。

2　鏡の位置や照明を見直す

自然光の入る場所でメイクをすると、仕上がりがより自然になります。また、手もとを固定するための安定したイスやテーブルがあるとさらにスムーズです。

3　深呼吸をしてスタート

メイクをはじめる前に、イスに座り、お尻の穴をキュッと締め、頬を引き上げ、深呼吸をして「今日の自分をイメージ」します。このひと手間で、メイクがただの作業ではなく「特別な時間」に変わります。

4 タイマーをセット

20分という時間を決め、集中します。タイマーが鳴るまでは、ほかのことをいっさい考えず、目の前の自分と向き合いましょう。時間を区切ることで、メリハリが生まれます。「この20分間だけは、自分のために」と決めると、心も整います。

5 リズムよく丁寧に

メイク中は「素早く手を動かす」ことがポイント。ただし、あせる必要はありません。リズムよく、丁寧に。それだけで肌に負担がかからず、メイクの仕上がりも見違えます。

朝のメイクの時間を「ながらメイク」から、テレビもスマホもオフにして「集中メイク」に変えてみると、驚くほど仕上がりが変わるだけでなく、心に余裕も生まれます。そして、その余裕が、1日の自信へとつながっていくのです。

まさか、立ったまま
メイクしていませんか？

いつも洗面台で立ってメイクをしている。

これは、おそらく多くの人のメイクのルーティンではないでしょうか。もしメイクがうまくいかないとしたら、それが原因の1つで、もっといえば「手もとのブレ」です。

洗面台の前で、立ってメイクをして急いで仕上げた眉。わずか1ミリのズレが、顔全体を疲れた印象に見せてしまうのです。

メイクをするときは、必ずイスに座り腰を安定させます。

目もとのメイク、とくにアイシャドウやアイライン、眉を描くときには必ず肘《ひじ》をつき、手のひらの手首のつけ根、もしくは指先を頬にあてます。

すると手もとが安定し、狙ったところにトンと色をのせていくことが簡単にできるようになります。イスに座り、肘を固定するだけで、驚くほど美しく整った眉が生まれるのです。

メイクは座って、ひじを固定する

●イスに座り、腰を安定させる

●目もとのメイク、
とくにアイシャドウやアイライン、眉を描くときには、
肘をつき、手のひらの手首のつけ根、もしくは指先を頬にあてる

メイクは、たった1ミリの違いで顔の印象が大きく変わる繊細なもの。

だからこそ、プロのヘアメイクは腕や手首がブレないようにしっかり腰を安定させて、数ミリ単位でコントロールしています。フォームが整うと、安定した仕上がりになるからです。

反対の手で腕を支え、頬を手で固定しながら、狙った場所にピンポイントで色をのせたりラインを引いたりしていきます。

少しずつ丁寧に動かすことで、繊細で質の高いメイクが仕上がるのです。

ぜひ、あなたも今日から、イスに座ってメイクをしてみてください。安定した手もとから生まれる1本の丁寧な線が、あなたの魅力を最大限に引き出します。

パジャマのまま
メイクしていませんか?

メイク教室で教わったときは完ぺきにできたのに、いざ自分でやると同じようにならない。

なぜ、いつまでたっても自分に似合うメイクができるようにならないのだと思いますか？

それは、「今日の自分に合うか」が大切だからです。つまり、教わったメイクや決まった手順が、いつもベストとは限らないのです。

メイクが映えるためには、今日の体調、服装、予定に合わせてバランスをとることです。

人は気分や体調で表情が変わります。さらに、着る服や行く場所でも印象は大きく変わります。服の色や雰囲気に合わせてメイクを調整するだけで、自然な印象が生まれます。

自分では完ぺきに仕上げたつもりの美しい眉やアイラインが、行く場所や会う人によっては、少し違和感のある印象になることもあるのです。

カジュアルな日には、やわらかい眉にすると親しみやすい印象に。フォーマルな場では、眉尻を少し長めにするだけで凛とした印象に。

メイクをその日の自分に合わせるべく、誰でもできる簡単なことがあります。それは、**メイクの前にまず着替えること。**

パジャマのままメイクしていませんか？

内心ドキッとする方も多いはず。だって、そのほうがラクですもんね。でも、ここに落とし穴があります。パジャマでは、全体のバランスが見えないのです。

その日の洋服に着替えることで、服の色やスタイルに合ったメイクをイメージしやすくなります。

「でも、洋服が汚れるのが心配で……」という方も安心してください。タオルを首もとにかけるだけでＯＫ。これならファンデーションが襟につく心配もありません。

メイクが苦手な方ほど「テクニック」よりも、まず「**バランス**」からはじめてみてください。

たとえば、その日に着る洋服に合わせたリップの色を選ぶ、ヘアスタイルとアイラインのバランスを考えてみる。そんな小さな工夫で「自分に似合うメイク」は完成されていきます。

今日のあなたに合ったメイクは、今日のあなたがいちばん知っているんですよ。

メイクをする順番に
ポーチから
取り出しておく

メイクポーチがパンパンで、取り出すたびにあふれるコスメたち。いざ、使おうとすると粉々になったアイシャドウやファンデーションがポーチの中で大惨事。ときには粉々に割れたシャドウを指ですくい集め、ギューと押し固めて使ったり……。

全部、以前の私です。

「なんというやり方!?」と今の私なら喝を入れたくなるのですが、心のどこかで、「どうせ、化粧品って割れちゃうし」「こうやればまだ使えるし」と変な悟りがあり、今考えると、なんとも雑な扱いでした。

ただし、これはプライベートでのことで、仕事ではもちろん、商売道具であるメイク道具をこんな扱いはしません。

撮影現場に入るときには、コスメたちをクッションタイプのボックスケースに並べ、「よし、今日もよろしく!」と話しかけ、念入りに準備します。

撮影現場でメイクボックスを開けると、アイシャドウ、ファンデーション、リップがまるで自分の出番を待っているかのように整然と並んでいます。

この光景は、私の心を整え、プロとしての自信を高める一歩になっています。

ある日、ふと思ったんです。プライベートでもこのようにメイク道具を丁寧に扱ったら、どんな気持ちになるだろうかと。

実際にやってみると不思議と気持ちにも変化が現れ、イライラせず、清々しい気持ちでメイクができるようになったのです。

そして、**手早くクオリティの高いメイクをするための「順番と整理」の大切さ**にも気づきました。

では、さっそくやってみましょう。

まず、メイクをするときにはテーブルにタオルを敷き、その上に化粧品を並べていきます。

使っていく順番に並べることで、一度、頭の中でリハーサルができるのです。

たとえば、下地、ファンデーション、アイメイク、眉、リップ、使うアイテムの横にメイクブラシも並べて順に置いておくだけで、手の動きがスムーズになります。基本的には「ベース→アイメイク→眉→リップ」の順が多いですが、自分のやりやすい順番にしてOKです。

実際にメイクをはじめたときに、「えーっと次は……」と迷わずに手が動きます。気持ちがどこかにいかないので、はじめから終わりまでメイクに集中して仕上げることができます。

メイクが終わったら、コスメたちを「お疲れさま」と元の場所に戻します。飛び散った小さな粉は、テーブルに敷いていたタオルでサッと拭くだけで済みます。このちょっとしたひと手間で、気持ちもスペースもすっきりするのです。

ちなみに、タオルは白くて薄いタイプがおすすめです。ふわふわの厚手だと化粧品が安定して置けないからです。清潔で白いタオルは化粧品の色がよく見え、レフ板効果で、メイクがやりやすくなります。

プロのヘアメイクの中には大判のさらしを使う人もいます。洗濯しやすく、かさばらないため、とても便利です。

持ち運び用のメイクポーチはクッション地タイプがおすすめです。中に小分けの仕切りがあるとさらに収納しやすく、衝撃から守られ、使い勝手がいいです。

ポーチの中には綿棒を2、3本と手のひらサイズのバームを入れておくと、メイク直しのときに、綿棒にバームをなじませてリップクリームとして使えたり、よれた目もとのメイクを直すときにも使えてとても便利です。さらに、乾燥した毛先につければ、髪を直すときも大活躍します。

不要なアイテムがあれば、思いきって処分してみてください。整理整頓されたポーチは、外出先でもあなたを助けてくれる心強い相棒となるはずです。

メイクをするときは
ピンパネで髪をとめる

メイク中に髪が顔にかかり、邪魔になる。メイクが終わったあとに髪どめのあとが残り、急いで直しても直しきれない。なんてことありませんか?

そんなときにおすすめなのが「ピンパネ」で、メイク用の髪どめのことです。今では100円均一のお店でも手軽に手に入る便利なアイテムです。

私がピンパネを知ったのは、美容師になりたての30年前。その頃は、ピンパネが売っていなかったので、当時働いていた美容室の先輩につくり方を教わりました。

透明で固くて薄い下敷きをはさみで親指のかたちにカットして、ステンレスのシングルピンをセロハンテープで貼りつけてつくりました(あの手づくりのピンパネは、美容師になってまだ右も左もわからなくて、もがきながら前に進んでいた頃を思い出し、ちょっとキュンとしてしまいます)。

ピンパネを使うことで、メイク中に髪が邪魔になることはほとんどありません。前髪やサイドの髪をそっとピンパネで挟むだけで、髪にあとがつきにくくなります。

メイクが終わったら髪からピンパネを外して、そのまま外出できる状態に。これだけでメイクがぐっとスムーズにできるのです。

ピンパネの使い方です。まず、ピンパネは手に取るたびに気分が上がるサイズや色を選んで、自分だけの特別なものを見つけましょう。

前髪やサイドの毛に「これからメイクをするから、しばらくここでスタンバイ」と伝えるイメージで、そーっとピンパネで挟むと、さらにあとがつきにくくなります。

髪が固定されたら、メイクをします。顔全体がしっかりと見えるようになり、フェイスラインが出て、メイクに集中できます。肌やそれぞれのパーツも「見やすいでしょ！」といっているかのように存在がはっきりします。

メイクが終わったら、ピンパネを定位置に戻してあげてくださいね。決まった場所に戻すことで、次に使うときも気持ちよく使えます。

まずはじめに
整えるべきは、
髪、肌、眉

私は女優やモデルのヘアメイクをするとき、髪、肌、眉の3つを最優先にしています。なぜなら、**髪、肌、眉が、全体の印象を左右する「3大要素」だからです。**髪、肌、眉さえ押さえておけば、ほとんどの方が間違いなくシャレます。

3つのパーツは「並行」して整えていきます。髪だけが決まっていても、眉や肌が整っていないと全体のバランスが崩れてしまいます。

気になる部分を修正しながら、前回と比べた変化や印象を写真で確認していきましょう。少しずつ調整を重ねることで、自分にとっての「ちょうどいいバランス」が見えてきます。

まずは髪とメイクをセットしたあとに写真を撮ります。別の日、また、写真を撮ります。それを何回かしていくなかで、「うまくいったとき」と「そうでないとき」がわかってきます。

写真を見比べていくと、しだいに「自分に似合う髪、肌、眉のバランス」もつかめるようになっていきます。

たとえば、自分の髪にツヤがないと感じれば、ツヤが出るためにはどうすればいいのかなと考えてみる。いつも使っているトリートメントを変えてみたり、ドライヤーのあて方を変えて違いを確認してみます。結果、ツヤのある髪は、健康的で清潔感を演出します。

肌に透明感がないと感じれば、その原因を考えてみる。乾燥によるものなのか、毛穴のつまりによるものなのかでお手入れの方法は変わってきます。自然なトーンの肌は、透明感と健康的な印象を引き出します。

眉については、「起点」の項目（95ページ）のところで詳しく説明しますね。

難しいことはありません。日常のケアのなかで、少しずつ整えていく。それだけで、あなたの顔立ちは、自然と「シャレた」印象に変わります。

プロがメイクで最も大事にしているのは「バランス」

メイクの究極のポイントを1つあげるとすれば、「バランス」です。

でも、「バランス」ってセンスのような、もともとあるものだと思っていませんか？

じつは、私も昔はそう思っていました。

でも、違うんです。

バランス感覚はセンスではなく、努力の賜物なのです。


私自身、不器用で、人の倍以上の時間がかかるタイプです。だからこそいいたい。

正しい努力をすれば必ずバランス感覚は身につく、ということを。

私がメイクの「バランス」を身につけられたのは、数えきれないほどの失敗を繰り返したから。

たとえば、右だけ跳ねたアイライン、左だけ濃くなったアイシャドウ……。

「なんでこんなに左右が合わないの!?」と自問自答する日々。でも、失敗を繰り返し学んだ結果、バランスのとり方のコツがわかったのです。

バランスをとるための練習は、じつはシンプルです。AとBを見比べて「どちらがいいかな？」と感じるか。それを繰り返すだけ。これは自分の「好きな感じ」や「似合う色」を知るトレーニングにもなります。

「どう感じたか」をメモして、そして、次はどうすればよくなるかを考えて試してみるのです。

1　仕上がりを写真に撮り、「よかった点」と「改善できる点」を書き出す
2　今回はそのメモをもとに少しだけ手法を変え、自撮りする
3　前回と今回の写真を比べて、「どっちが好き？」と自分に問いかける

こうして、「いいと思った判断材料」を積み重ねていくと、自然と頭の中に「自分だけのバランス感覚のストック」ができていきます。

慣れてくると、メモをとらなくても頭の中で瞬時に判断できるようになります。

じつは街中で見かける「シャレている人」も、無意識のうちに、この作業を頭の中でしているのです。これこそが「シャレたバランス感覚」の正体です。

年代ごとに顔の各パーツの黄金比は異なる

「メイクに自信がない。どうも仕上がりに納得できない」。そう感じているなら、「バランス」の次に知ってほしいことがあります。それは、「黄金比」についてです。

「黄金比」とは、顔全体や各パーツのバランスが最も美しく見える比率のこと。顔全体、眉や目、唇などの比率によって、自然に魅力的な印象になります。

黄金比によって、眉の長さのズレや顔全体のバランスもわかるようになります。

さらに、黄金比は年代ごとに異なることも覚えておいてください。

黄金比を使わなくてもメイクはできるのですが、メイクがうまくできない方には、とても便利な「ものさし」のような役割なので知っておいて損はありません。

黄金比によって、自分の顔のどこを整えればいいのかが見えてくるからです。

私がはじめて黄金比の大切さを実感したのは、資生堂が運営するメイクスクールの「ＳＡＢＦＡ（サブファ）」ででした。プロのヘアメイクとして活躍するための高度な技術やマインドを徹底的に学びました。

黄金比をもとに、ほんの１ミリ眉を調整したら、モデルの顔全体が驚くほど洗練され、輝きを放った瞬間を今でも鮮明に覚えています。

ネットで「メイク　黄金比」と検索すると、「顔と頬の黄金比」「眉の黄金比」「目の黄金比」「唇の黄金比」といったそれぞれの黄金比のとり方の解説がたくさん出てくるので、自分がわかりやすいと思う解説を参考にしてみてください。

では、「白銀比」はご存知ですか？

「白銀比」も顔やパーツのバランスが美しく見える比率です。

「黄金比顔＝1：1・6」「白銀比顔＝1：1・4」と数字で表すと、さほど差はないように感じるのですが、このどちらかを用いたバランスを取り入れてメイクをすると、仕上がりの顔の印象が大きく違って見えるのです。

ざっくりいうと、黄金比を用いると、スッキリとした大人っぽい美人の印象になります。白銀比を用いると、あどけなくかわいらしい印象になります。

子どもの頃は比較的多くの人が丸顔で、大人になると面長の顔立ちになってくるので、黄金比を使って仕上げていくと簡単にバランスをとることができます。

眉の黄金比

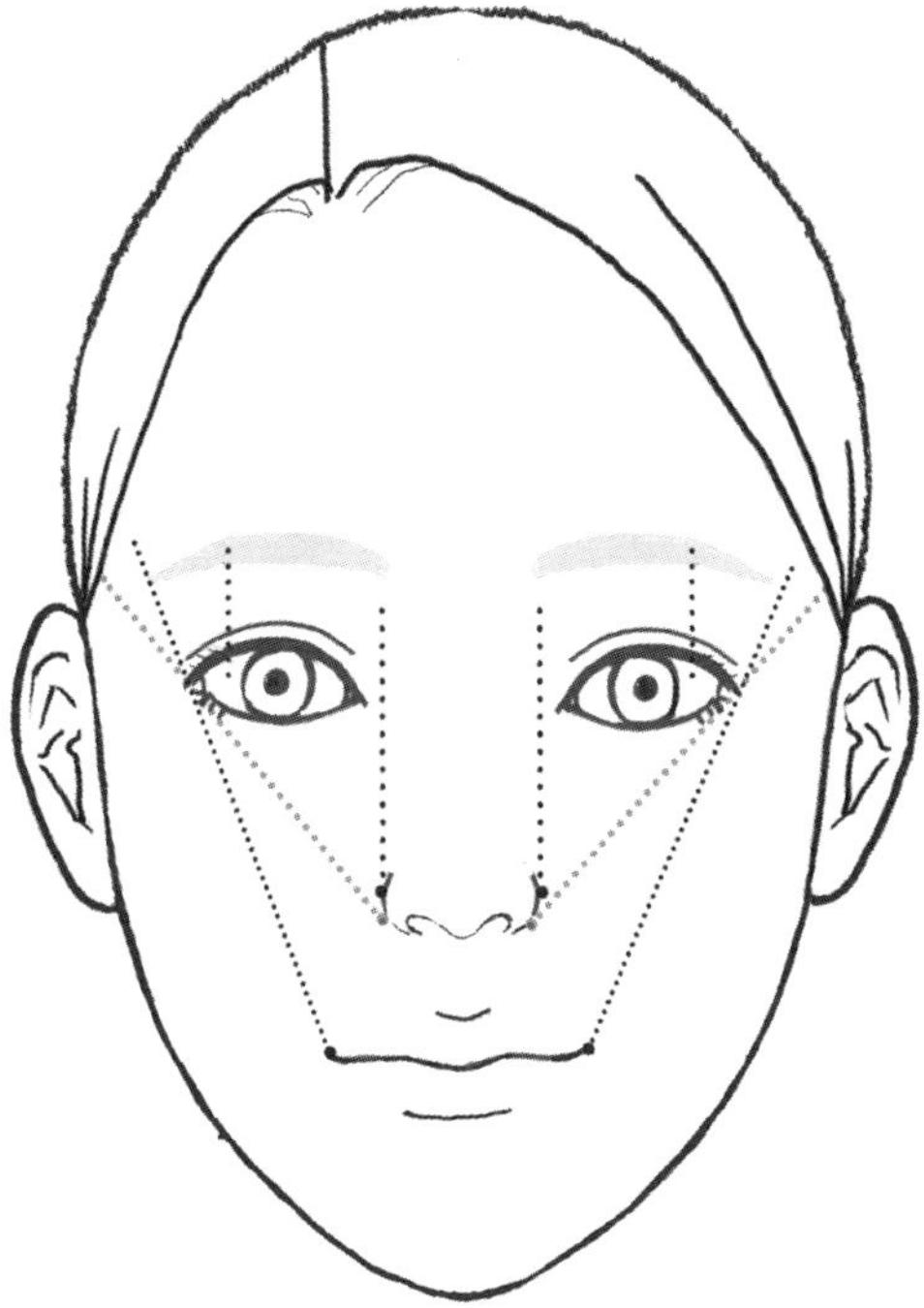

黄金比は、顔全体や各パーツのバランスが
最も美しく見える比率

黄金比と白銀比のどちらを重視するかは、年代やライフスタイルやライフステージによっても変わります。年齢とともに顔のバランスも少しずつ違ってくるためです。たとえば、唇の黄金比は「上唇：下唇＝1：1・3〜1・5」が目安です。しかし、年齢を重ねた大人の唇はとても薄くなってきます。上下の唇が薄くなる方や、上唇だけが薄くなる方もいます。

これに加えて、唇の左右で差が出てきたりもします。この状態の唇に完ぺきな黄金比をはめて仕上げてしまうと「口がお化け化」します。

そうならないためには、黄金比を意識しつつ、メイクをするときに「どこに足せばバランスがよくなるかな?」「どこを削ればスッキリした印象になるのかな?」と考えていくことです。それによって今の自分に合ったメイクになります。

黄金比と白銀比を使うということは、自分に合うメイクを知るための技術であり、大きなガイドラインとなります。

起点を外さなければ、バランスはとれる

多くのメイク関連の本やSNSでも、丁寧にポイントを解説してくれているのに、できない。

もちろん、できないから困っているのだと思います。メイクに悩む多くの方々は自分ではない顔をもとにした情報で完ぺきをめざそうとするあまり、おかしなバランスに陥っているのです。

そこで大切なのは「自分の顔の起点を外さないこと」です。

「起点」はプロのヘアメイクとして30年以上活動している私も常に意識していることです。

では、「自分の顔の起点」ってどこにあるのでしょうか？

この答えを知ることで、変化していく自分の顔とも、自然に向き合えるようになります。

いちばんはじめに起点を決めるのは、眉頭です。

メイクの悩みで多いのが「眉がうまく描けない」「眉の左右がどうしてもそろわない」「眉山が毎回違う位置になってしまう」などなど。

眉が重すぎて顔がどんよりしたり、逆に薄すぎて「何か物足りないな……」と感じたり。試行錯誤の連続に。

このように、眉は多くの人にとってメイクの難しいパーツの1つです。

「起点」は、たとえるなら、迷子にならないための地図の「出発地点」みたいなものです。

眉頭は、顔全体のバランスを整える最重要ポイント。ここを適切に決めるだけで、全体の印象がぐっとよくなります。

眉頭をとるための目安は、人指し指1・5本から2本弱。

小鼻のつけ根、もしくは小鼻のいちばん出っ張っているところから垂直に上がったところに眉頭をとります。ここが、外してはいけない起点となります。

指先を眉間《みけん》にあててみてください。あなたの眉間の幅はどのくらいですか？

鏡や自撮りを活用し、自分の顔のバランスを確認しながら、眉の起点を探していきましょう。最初は慣れないかもしれませんが、繰り返すうちに「あ、これが私のベストなバランスだ！」という感覚がつかめるようになります。

眉の起点

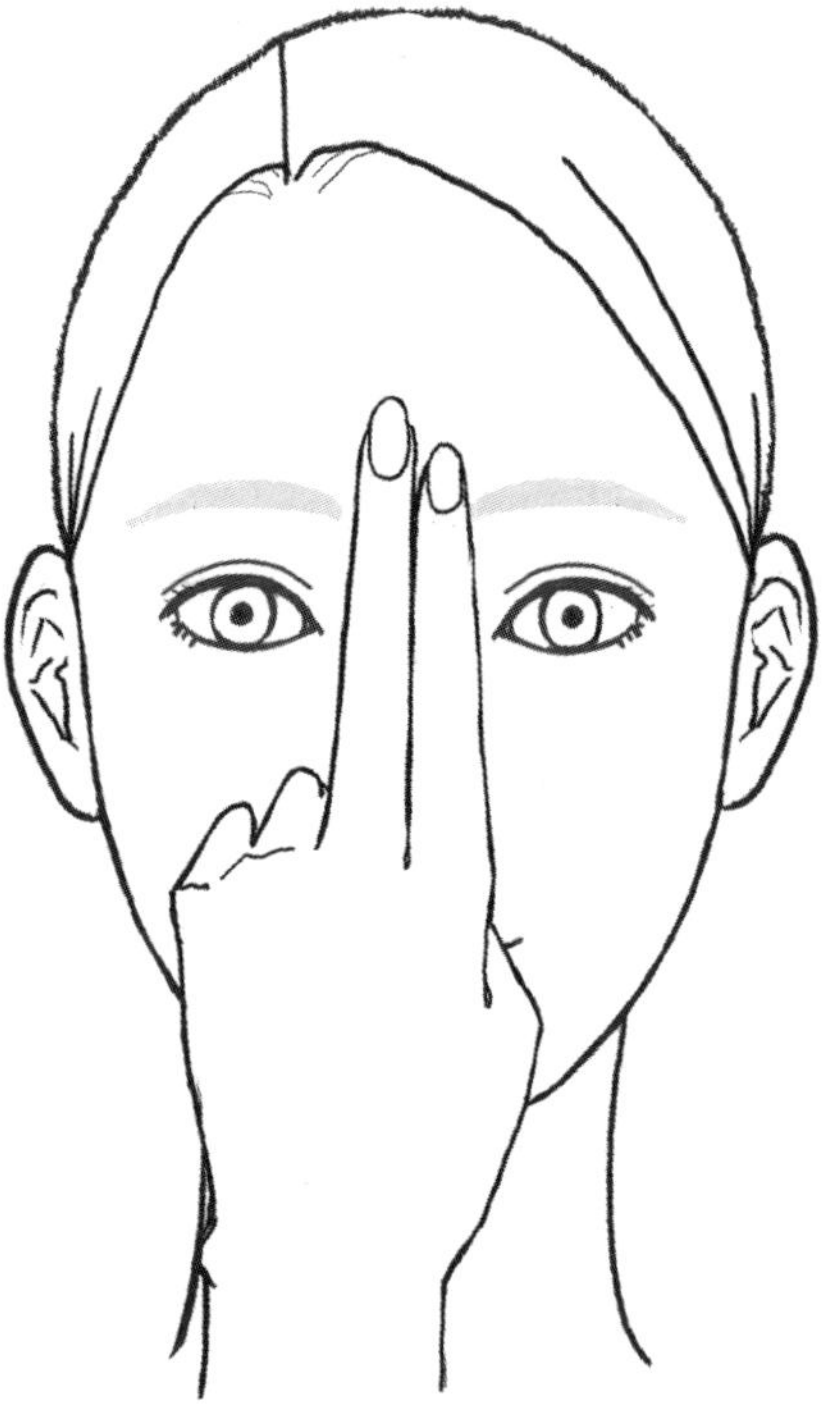

眉頭をとる目安は、人差し指１.５本〜２本弱

そのバランスは、年齢や季節、生活の変化とともに少しずつ変わります。その変化を受け入れながら、自分にフィットする起点を探すことは、メイクの秘訣でもあるのです。

起点を決めたら、眉を仕上げていきます。

ここで気をつけなければならないのは、起点から描くのではなく、眉の中央から眉頭に向かって起点に近づくように描きはじめるということです。

本当に足りないところに影をつけるようにチョンと色を置きます。細かく描き込むのではなく、まずは影を入れるようにして、足りない部分に少しずつ色を置いていく感覚です。

仕上がりを確認しながら「いい感じ」と思うところまで描き足します。

眉頭がズレると、それだけで顔全体の印象が崩れるため、少しずつ確認しながらやりましょう。

「眉は顔の額縁《がくぶち》」といわれます。額縁が整えば、絵画も美しく見えますよね。

眉の描き方のコツ

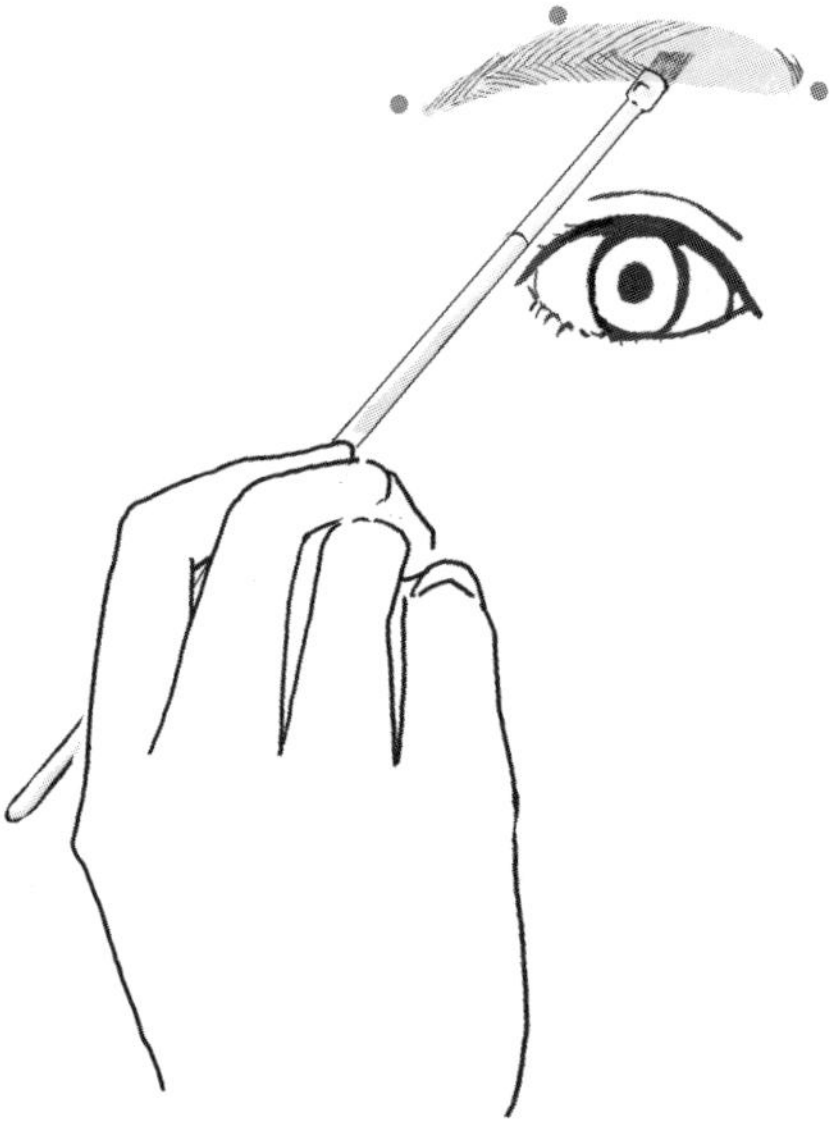

起点から描くのではなく、
眉の中央から眉頭に向かって起点に近づくように
描きはじめる。足りない部分に色を置いていく感覚

プチプラでも使い方しだいで十分活躍する

「プチプライスコスメ（手頃な価格の化粧品。略して「プチプラ」）だから、質が低い」というイメージを持っている方は多いかもしれませんが、使い方しだいで高級コスメ以上に輝きを放つ、ポテンシャルの塊なんです。

ただ、うまく使いこなせずに「なんか微妙……」と感じて失敗があるのも事実。

たしかに、プチプラは「成分がシンプル」「発色や持ちがやや控えめ」「パッケージが簡素」といった特徴があります。

でも、自分に合ったものを見極め、正しく使えば、驚くほどの効果を得られます。

それどころか、うまく活用することで、メイクの楽しさも倍増します。

しかも、最近のプチプラは進化し、優秀なアイテムがたくさん出ています。

最大の利点は、その「手軽さ」にあります。新しい色や質感に挑戦しやすく、気軽に楽しめます。

ただし、プチプラだからといって、気軽に大人買いするのは避けましょう。これはいちばんやりがちな失敗です。

気に入った色を見つけると、ついついほかの色も一緒に購入してしまうことがありますが、使わないまま放置していませんか？

メイクは、使ってこそ効果が出るものです。


だからこそ、「一度にたくさん買わないこと」は鉄則です。まずは1つか2つのアイテムに絞り、それらをしっかり使いこなすことを意識しましょう。

意外かもしれませんが、アイシャドウは単色買いがおすすめです。アイシャドウパレットを最後まで使い切ったことはありますか？

じつは、パレットの中には「捨て色」が2～3色は入っていることが多いんです。

結局、使わない色が残るから「もったいなくて捨てられない」なんてことも……。

その点、単色シャドウは使いきりやすく、ムダが出ません。しかも、新しい色にチャレンジするのにとてもおすすめです。

ナチュラルメイクは何もしないわけではありません

「ナチュラルメイク」って、手を加えないメイクだと思っていませんか？　**ナチュラルメイクの真髄こそ、「何もしていない」ように見せるための技術の結果なのです。**

そのためには、ちょっとしたひと手間や日々の丁寧なケアが欠かせません。ちょっとした努力が、自然体でありながらも健康的でシャレた印象をつくり上げるのです。

若い頃は日焼け止めひとつで間に合っていた肌も、年齢とともにシミやくすみが出てきて、放っておくと「疲れ顔」に見えてしまいます。

たとえば、目の下のクマをほんの少しカバーするだけで、目もとが明るくなり、表情が格段にイキイキとします。

眉をバランスよく整えれば、顔全体が引き締まり、リップを足すことで血色感が生まれ、健康的な印象になります。

「いつものメイク」は、日常のなかで、自分を自然に引き立てるための基盤となるメイクです。

一方、特別な日の「頑張るメイク」は、その延長線上にある華やかな演出です。

ただし、**この「頑張るメイク」は「いつものメイク」が整っているからこそ映えます。**

いわば、「いつものメイク」は日々の積み重ねであり、「頑張るメイク」はその成果を発揮する舞台です。

だからこそ、いつものメイクの大切さに気づいてほしいのです。

「いつものメイク」は、自分らしさを支えるもの。特別な日でなくても、気持ちを整え、自分らしくいられるために、あなたの人生の質を底上げしてくれるのです。

「いつものメイク」と「頑張るメイク」は切り離せない関係であり、あなたの魅力を引き出すカギとなります。

第4章

テクニックは基本を知っているからこそ活きる

朝のメイクは
70％の仕上がりをめざす

毎朝、メイクをバッチリ決めようと鏡の前に立つものの、思うように仕上がらずにあせって、心が重くなることはありませんか？

そんな人にこそ知ってほしいのは、メイクは「70％でOK」という法則です。

すべてを完ぺきに仕上げるのではなく、パッと見たときの全体の雰囲気を整えることに注力して、残りの30％は、少しの「抜け感」と「自分らしさ」を大切にする。

そうすると「シャレた印象」を生み出します。

じつは、この「70％の法則」は、プロのヘアメイクが撮影現場で実践しているメソッドでもあります。

メイクルームでは、まず70％の仕上がりにしておき、撮影中に必要な微調整を繰り返すことで、最終的に最高のバランスを引き出します。

「70％の法則」を、ぜひ朝のメイクにも取り入れてみてください。

たとえば、ベースメイクに時間をかけずに、肌のトーンを整える程度にして、コンシーラーはあと回し。眉毛や目もとに関しても、完全なシンメトリーをめざさず、自然なかたちを活かすことで時間を節約し「抜け感」のある仕上がりになります。

鏡から少し離れて全身を見たとき、メイクとファッション全体が自然にまとまっているかを確認してみる。メイクに手をかけすぎないくらいが、じつはその人らしさを引き出す絶妙なバランスなのです。

完ぺきを求めると、何度もやり直しをしたくなることがありますが、70％の仕上がりをめざすと、やり直しの必要がなく、結果として時短にもなります。

朝の忙しい時間帯でも、「70％の法則」で、時間も短縮でき、余裕が持てるようになると、心地よい1日のスタートが切れるはずです。

年齢を重ねた大人に
必要なのは
「ツヤ」と「立体感」

メイクや美容に関するさまざまな情報があふれるなか、手っ取り早く悩みを解決するために、答えだけを拾い集め、「おすすめの化粧品を買う→使ってみる→イマイチ→どうすればいいのかわからない→おすすめしていたあの人のせいにする」という間違いだらけの負のループに入っている人は少なくありません。

実際にこんな話も聞きます。

「最近、メイクの崩れがすさまじくて。暑いからかな。更年期で頭に汗をかくし、それはもうドロドロで、まわりからも顔がテッカテカだよ、といわれたり……。ツヤが流行りって聞いて買ったのに、なんでうまくできないの!?」

加齢とともに、以前のようなハリとツヤが薄れていくのを感じて、老いに抗おうと、ツヤ肌下地なるものを使ったり、ツヤ肌になるファンデーションを使っているのかもしれません。

顔全体にツヤ下地とファンデーションを重ねると、午後には、顔全体が油っぽくなり、写真を撮ったときに不自然に光るなど、テカリや崩れの原因になります。

ツヤは「高さ」がほしい部分だけにすると、見た目が自然でメイクの持ちもよくなります。

顔の立体感はハイライトやシェーディングだけでなく、下地やファンデーションの段階で量や塗布箇所をコントロールすることで生まれてきます。

たとえば、ツヤを加える部分は高さを出したいおでこの中央、鼻根、鼻先、あご先、頬の高い位置にピンポイントで使い、フェイスラインやあご下はマットで仕上げると、顔がキュッと引き締まり、小顔効果が狙えます。

ツヤを加える際は指で軽く叩き込むようにすると、肌に自然にピタッと密着し、つるんっとした印象のベースメイクが仕上がります。

先に紹介したお悩みなども、きっとツヤに必要な場所がどこかを理解したうえで手持ちのアイテムを使えば、テカテカ感にはならないし、ツヤ肌下地とツヤ肌ファンデーションのダブル使いではなく、どちらか1つにしてキープ力を上げるアイテムをプラスすれば、メイク崩れすることがほとんどなくなります。

下地、ファンデーションの5点置きはしない

「まず5点置きしてから……」というメイクのやり方、よく耳にしますよね。額、両頬、鼻、あごに下地やファンデーションを置いて、指やスポンジで伸ばすというものです。おそらく多くの人が一度は試していると思います。

でも、こんなふうに感じたことはありませんか？

「なんだか厚塗りっぽく見える……」

「顔全体がのっぺりして、立体感がなくなった気がする……」

「こんなに丁寧に塗っているのにどうして自然に見えないんだろう？」

その原因は、5点置きにあるかもしれません。

若い頃はうまくできていたことが、年齢を重ねた今では肌の質感や凹凸が変わり、この方法がかえって逆効果になることもあるのです。

顔は部分によって肌の質感や形状が異なります。たとえば、頬やおでこは広いけれど、鼻やあごは狭くて立体的です。

それなのに、すべての部分に同じ量を置くと、塗りムラや厚塗り感が出やすくなります。とくに、ナチュラルで軽やかな仕上がりをめざしている場合、5点置きは避けたほうがいいです。顔がペタッと見えて、立体感が消えてしまうからです。

「じゃあ、どうすればいいの?」と思いますよね。その答えは、肌に置く前の「準備」と「量の調整」にあります。

次の手順を試してみてください。

1　まず手の甲に下地やファンデーションを出す

下地やファンデーションを手の甲で、バターをやわらかくするように優しく混ぜるイメージで指の腹2、3本分を使い、溶かすように混ぜ、その指の腹を反対側の手の指の腹になじませます。

2　軽やかに「トントトトンッ」と置く

頬のあたりにあるシミや肝斑《かんぱん》がある部分を狙い、「トントトトンッ」と置くようにのせます（楕円のようなかたちになるように）。この時点で、5点置きのようなボテッとした厚みはなく、すでに肌にベールが1枚かかったような薄さで密着しています。

3　広げる方向を意識する

顔全体にさらにベールを薄く薄く広げていくように、軽やかに手をトントンと顔の外側に向かって動かしていきます。最初は「これで大丈夫？（隠したい部分をカバーできていない）」と思うかもしれませんが、まだ頬のシミや肝斑は隠れきれていなくてもＯＫです。頬や小鼻など、気になる部分は最後にもう一度重ねてカバーします。

4　スポンジでなじませる

スポンジを濡らして手の甲で量を確認したら、いちばんカバーしたい部分から顔の中心に向けて軽くなじませていきます。軽く押しあてるだけで、決してこすらず、肌にそっと置くようなイメージで動かしましょう。広い部分にはスポンジの広い面を、細かい部分には角を使い、軽くタッピングしながら弾むように押しあてながらです。

5　仕上がりのコツは「量のグラデーション」

「美肌ゾーン」と呼ばれる頬の高い部分は少し厚めに、顔の中心や外側（フェイスラインや生え際）は極薄く。これだけで、自然な立体感とツヤが生まれます。

ファンデーションを塗るコツ

1　手の甲で指の腹2、3本を使い、
　 優しく溶かすように混ぜる

2　シミがある部分に軽やかに
　 「トントトトンッ」と置く

3　顔全体にベールを薄く
　 広げていくように軽やかに
　 外側に動かす

4　スポンジでなじませる

5　仕上がりのコツは「量のグラデーション」

6　ピンポイントでカバーする

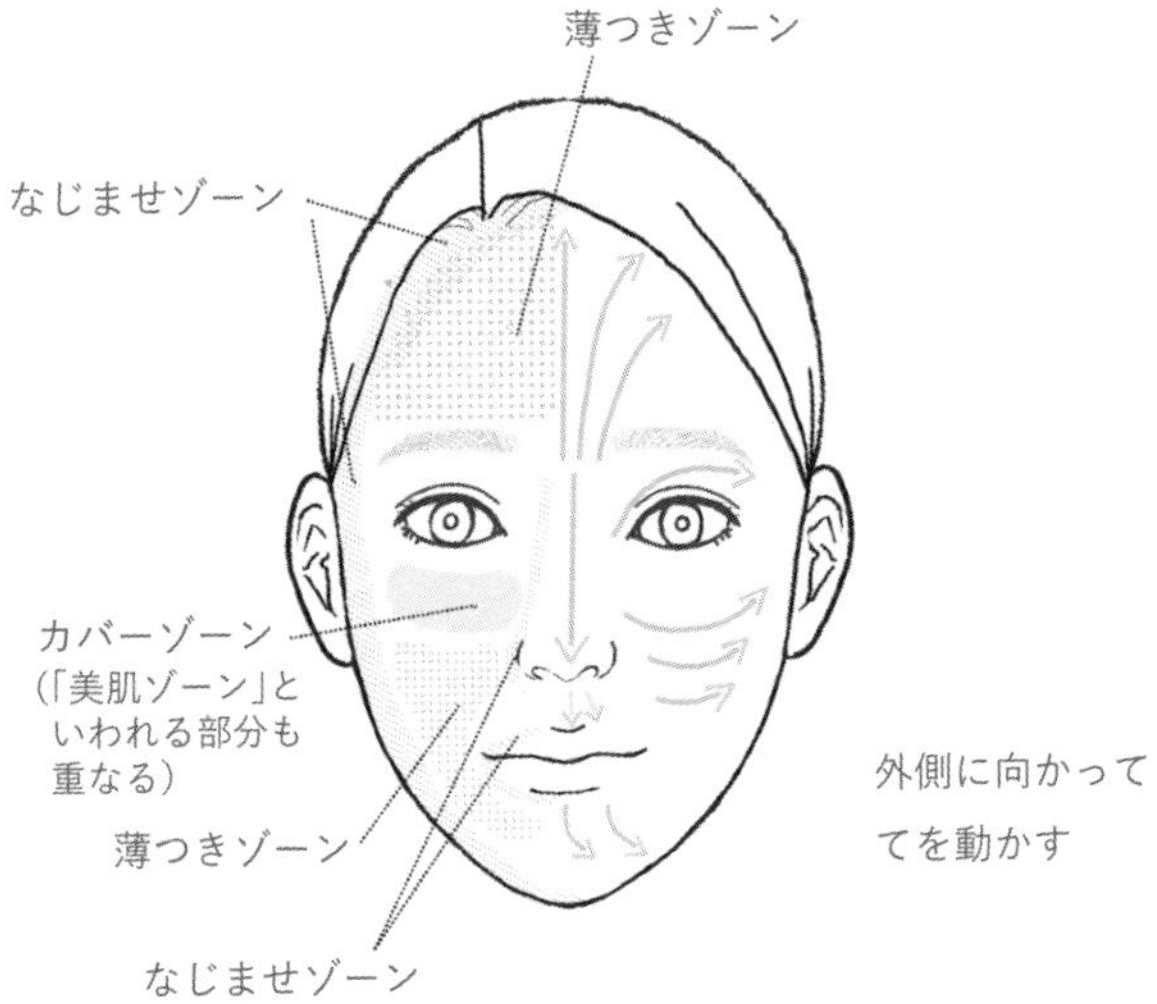

6　ピンポイントでカバーする

どうしても気になるシミがあれば、最後にコンシーラーをポイントで重ねると厚塗り感になりません。小さなブラシを使ってコンシーラーを少量ずつ重ねていきましょう。カバーしたい部分だけにとどめることで、自然な仕上がりになります。

この方法で試してみると、5点置きのボテッとした厚みが消え、肌に薄くピターッと密着した仕上がりに驚くはずです。

「準備」と「量の調節」はメイクのノリをよくする、料理でいえば味を左右する大事な下ごしらえになります。

コンシーラーの「点つけ」って正解!?

――本当の使い方――

「コンシーラーは点つけだけでOK！」と聞いたことがある人も多いと思いますが、結論からいうとコンシーラーは「点つけだけ」ではダメです。

次は、よくあるコンシーラーの失敗とその原因です。

●ムラになって不自然になる→「点つけから指で伸ばす」せいです
●厚塗りになって老けて見える→「一度で完ぺきに隠そうとする」せいです
●時間が経つと浮いて見える→「余分なコンシーラーを取らない」せいです

点つけはスタート地点でしかなく、**コンシーラーは隠しつつ、肌になじませ、自然な一体感を生むためのアイテム**なのです。

ヘアメイクのプロがやっている仕上がりで差がつく、ひと手間を加えることで、コンシーラーの本当の実力が発揮されます。

めざすのは「塗ってる感がゼロ」な仕上がりです。「隠したい部分にだけピタッととまる」。これがコンシーラーの理想的な仕上がりです。

それでは、プロが実践している「コンシーラーの使い方の流れ」をご紹介します。

1　コンシーラーは点つけからはじめる

コンシーラーは、シミやクマの中心にだけ「点でのせる」のが基本です。

広い範囲にベタッと置くのではなく、シミやクマの中心にチョンと置きます。この「中心を狙う」ことが大事なんです。シミやクマの色は、中心部分がいちばん濃いからです。そのため、中心だけをピンポイントにカバーすれば、周囲にまで広げる必要がなくなります。

2　「指ではなく、ブラシ」を使ってなじませる

使う道具は、次の2つです。

- 小さめのブラシ（毛が短めの平筆やスモールブラシが◎）
- 清潔なティッシュ（ブラシの汚れをこまめに拭き取るため）

そして、ブラシの動かし方のポイントです。

- コンシーラーをトンとスタンプするようにブラシでのせる
- ブラシの先を使って、「すすっと」と軽くなじませる
- 肌と一体化する感覚があればＯＫ！

ここでポイントとなるのは、「なじませる」動きはあっても、「広げる」動きはしないということ。つまり、面でカバーするのではなく、点でとらえるのです。

3　仕上げに重ねる

なじませたら、１回で完ぺきに隠そうとせず、仕上げのピンポイントケアをします。「少しだけコンシーラーを重ね、ブラシの柄の後ろを使ってチョッチョッ」と、まだ気になる部分だけ、なじませます。

コンシーラーを塗るコツ

1　「点でのせる」べく、シミの中心にチョンと置く

2　指ではなく、ブラシを使う

3　仕上げに重ねる

ブラシのメンテナンスもお伝えしますね。

リキッドやクリーム系のコンシーラーは、使うたびにブラシがベタベタに……。これは厚塗りの原因になるので要注意です。

ブラシを使ったら、ティッシュで軽く汚れを取りましょう。ブラシの先をティッシュの上で軽くササッと動かすだけです。

目の下のたるみやクマは「光と影」で狙い撃つ

私のInstagramの動画のPV数が最も多いのは「目の下のたるみやクマ」に関するものです。これはきっと多くの方が悩んでいるからでしょう。

私の長年の悩みも「たるみとクマ」でした。

年齢を重ねるごとに、「たるみ」と「クマ」が一体化した「たるみクマ」が出現し、鏡を見るたびに「疲れた顔をしている……」と感じ、悲しい気持ちに。

でも、あきらめないでください。たるみクマは退治できるのです。その方法が、「光と影を使ったメイク」です。

では、解決策である、たるみクマを消す「光と影を使ったメイク」の2つのポイントです。

1　コンシーラーで「影を埋める」

ややオークル系のコンシーラーで、たるみの境目（影ができているいちばん深い部分）に「点つけ」します。小さなブラシを使い、「すすっ」と軽くなじませます。ここで重要なのは、クマ全体に絶対に広げないこと！

2　ハイライトで光をあてる

ペンタイプでツヤのあるハイライトコンシーラーを使い、たるみの影のいちばん濃い部分だけに、細い線を1本引くようにハイライトをのせ、ブラシの柄の部分を使い、線を引くイメージで、ぼかすように軽くなじませます。

やってはいけないNGは、次の3つです。

●コンシーラーを広範囲に塗る → これをすると、厚塗り感が出てしまいます
●白すぎるハイライト → たるみの影が消えず、白浮きして目立つ結果になります
●全部のクマを完ぺきに消す → そうするとメイクがヨレる原因になります

ただコンシーラーを塗るだけでは隠せません。でも、光と影のバランスを操ることで、たるみクマの存在が消えてきます。

目の下が明るくなると、顔全体がパッと明るくなります。そして、不思議なことに、顔が明るくなると、心まで明るくなるのです。

たるんだまぶたには奥二重用のビューラーが最適

私は薄く細い奥二重でかなりまぶたが腫れぼったく、鏡を見るたびに、どうにかしたいと思い続けていました。とくに晩御飯にラーメンを食べたり、お酒を飲んだりした翌日にはまぶたがパンパンに腫れます。

若い頃は、くっきりした二重に憧れて、アイプチやアイテープを毎日やり続けていました。そのとき、よく感じたことがあります。

「まわりの人が、私のまぶたをじっと見ている気がする。「あ、また見られてる。アイプチってバレてるのかな……⁉」」。アイプチを失敗する日は支度に時間が倍以上かかり、本当にイライラして、朝から気分が落ち込んでいました。

しかも、ビューラーでまつ毛を上げようとすると、まぶたを挟んでしまう……。これ、あるあるじゃないですか？

たるんだまぶた、腫れぼったいまぶたの悩みは、まつ毛にまぶたが重なってしまうことです。

そこで、奥二重用のビューラーを使うと、根もとからしっかりまつ毛が上がるのです。

やり方を簡単に説明しますね。

ビューラーのフチでまぶたを軽く持ち上げ、まつ毛の根もとをしっかり挟みます。このとき、根もとにピタっとハマる感覚があると成功のサインです。

その後、少しずつビューラーをずらしながら、毛先に向かってリズムよく「くっくっ」と挟んでいきます。

この際、ビューラーでぎゅっと挟むのではなく、リズムよく軽く挟むのがコツです。これでまつ毛に自然なアーチがつくれます。

ポイントは、無理に力を入れず、肘を持ち上げて手首を返すようにビューラーを操作することで、これを2回繰り返すと、さらにまつ毛が上がりやすく効果的です。

注意点として、マスカラを塗ったあとにビューラーを使わないでください。まつ毛が平たく潰れてしまう原因になります。

また、ビューラーのシリコンゴムは3か月ごとに交換しましょう。シリコンゴムは、使うたびに劣化し、弾力が失われるため、まつ毛をしっかりカールできなくなります。傷んだゴムは、まつ毛を切る原因にもなるのでこまめなメンテナンスが必要です。

奥二重用のビューラーのコツ

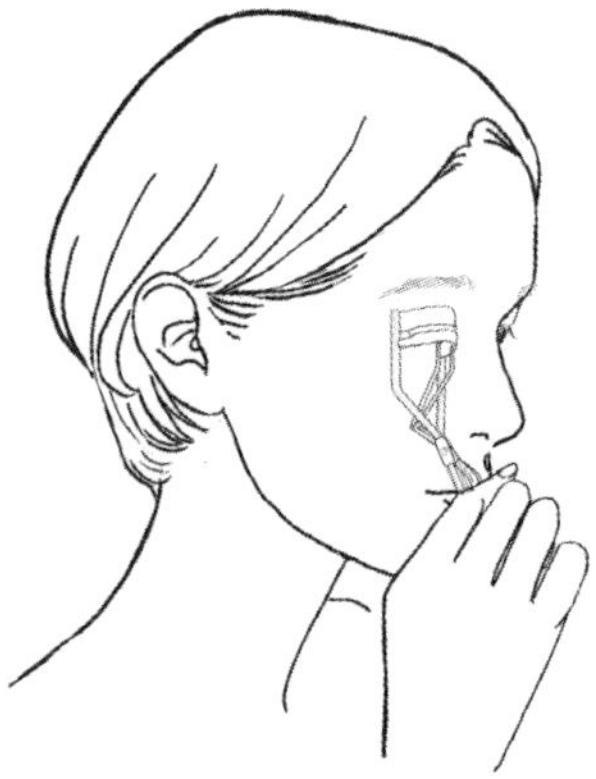

- ビューラーのフチで
  まぶたを軽く持ち上げ、
  まつげの根もとをしっかり挟む

- 根もとにピタッとハマる感覚
  があると成功のサイン

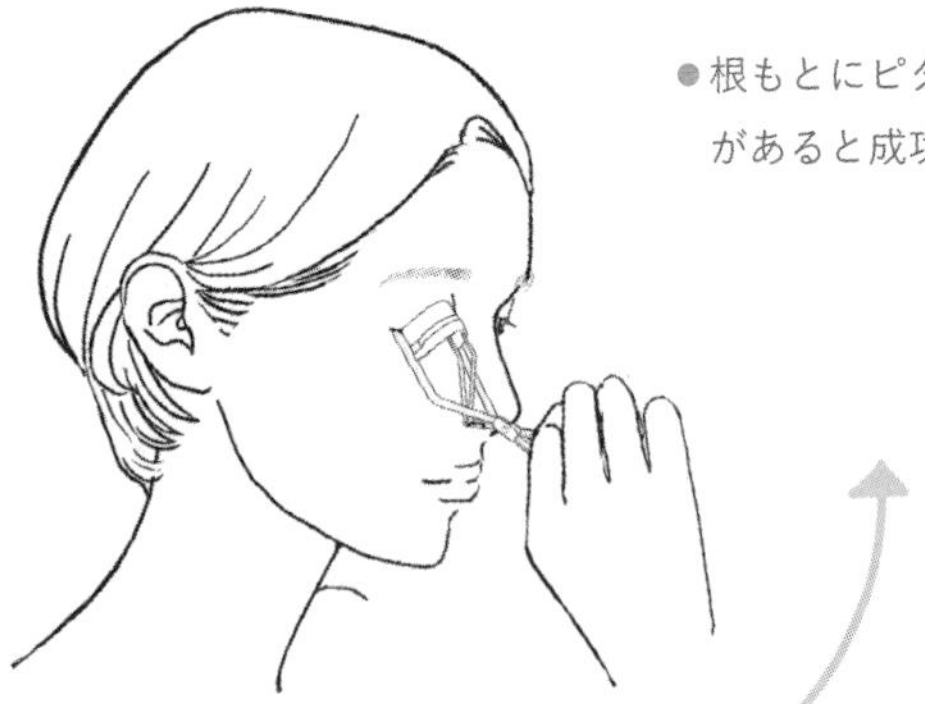

ビューラーは使い慣れるまでに多少の時間が必要です。まつ毛を数ミリずつ刻みながらアーチをつけていくので、試行錯誤しながらやる必要があるからです。とくに、まつ毛を挟むときには、誤ってまぶたを挟んでしまうことがあります。はじめは失敗することもあるかもしれませんが、慣れてくるとコツがつかめてきます。練習を続けるうちに、まつ毛の上がり方が驚くほど変わってきます。

まつ毛がキレイなアーチをしていると、気分も上がり、少しずつ自信が湧いてくるのを感じます。まつ毛が扇状にパァーっと上がったとき、鏡に映った自分に思わず「いい感じ!」と声をかけたくなるはずです。

フェイスパウダーを
全顔に使うと、
シワが目立ってしまう

「朝はきれいに仕上がっていたのに、夕方になると目もとのシワがくっきり」

「外出先で鏡を見たら、想像以上にシワが目立っていてショックを受けた……」


これらの原因は、フェイスパウダーを顔全体に塗り込んでいるからかもしれません。

肌にハリがあれば、フェイスパウダーが肌に自然になじみます。

フェイスパウダーは、肌のベタつきを抑え、メイクの仕上がりを美しく保つ頼れるアイテム……ですが、年齢を重ねると肌の質感が変わります。水分量が減少し、弾力が失われることで、肌表面に微細な凹凸が生まれます。

そこにフェイスパウダーが入り込み、シワが浮き彫りになるのです。


とくに目もとや口もとは表情の動きが多い部分です。動きの多い部分にパウダーが入り込むと、メイクが割れてシワが目立ちます。「しっかり仕上げよう」とするほど厚塗りになり、結果的に老け見えするのです。

では、どうしたらいいか？

フェイスパウダーはTゾーンや小鼻の横、あご先に部分的に使う

パウダーが必要なのは、テカリが気になる部分だけ。たとえば、Tゾーン（おでこ、鼻）、小鼻の横、あご先など、皮脂が多く出るエリアにだけ軽くパウダーをのせます。これだけで十分です。

私はヘアメイクの現場でも、全顔にパウダーを使っていません。テレビの収録などの長時間の撮影でもシワが目立たないようにするための秘訣として、「テカりやすい部分」にだけパウダーをのせています。

さらに、収録前にはクリームタイプのプライマー（化粧下地の一種）をテカりやすい部分（Tゾーンなど）に仕込んでいます。これがテカリと乾燥を防ぎ、動きの多い部分のヨレを防ぐ最強の手段です。これをやるかどうかで、テレビなどの長時間の収録でもメイク直しに入ることなくメイクをキープすることができます。

目もとや口もとは、下地で対策するのがプロの技

目もとや口もとをヨレにくくするには、目もと専用、口もと専用の下地を仕込みます。このひと手間で仕上がりがぐっとよくなります。

適切な道具を使う

パフを大きく使わず、半分に折り曲げて「狙った部分にだけ置くようにのせる」のがポイントです。小さなブラシでササッと払うようにつけるのもおすすめです。

リキッドファンデーションで乾燥を防ぐ

乾燥によるシワが気になるなら、保湿成分が豊富なリキッドファンデーションを選びましょう。とくにセミマットタイプなら、ぴたっと肌に密着し、自然な仕上がりになります。

ミストスプレーをプラスすれば、粉浮きが防げて自然なツヤが復活

フェイスパウダーをつけて浮いた感じがあるときには、ミストタイプのフィニッシュスプレーを顔全体に吹きつけるのも効果的です。

そしてスポンジにミストを吹きかけ、軽くたたくように押さえると、粉が肌にピタ一ッと密着して乾燥を防げます。これにより、ツヤ感がよみがえり、夕方のシワ浮きも防げます。

これを読んだあなたは、こう思ったかもしれません。「こんなにシンプルな方法で変わるの？」と。でも、変わるんです。

フェイスパウダーは「全顔に均等」ではなく、「必要な場所だけに必要な分だけ」。あなたの顔は、パーツごとに個性があるから美しいのです。

眉のメイクは
完ぺきに仕上げないと、
うまくいく

眉のメイクの正解は「ちょっと崩す」くらいがちょうどいいんです。プロのヘアメイクも、左右対称を追求せず、その日の顔のバランスに合わせて調整しています。


たとえば、こんな日はありませんか？

朝起きたら、目がむくんでいる。

前日の夜ふかしで目が少し腫れぼったい。

疲れがたまって目の開きが悪い。

このように、その日ごとに目の状態が変わるので、毎日同じ眉メイクをしてもうまくいかないのです。

では、どうやってその日その日の顔に合った眉を描けばいいのでしょうか？

自撮りで「その日の顔」を確認する

鏡で見るよりもカメラで撮ったほうがわかりやすいです。

スマホで撮影し、「目が腫れているか？」「眉と目の位置関係は？」などを確認しましょう。

眉は「眉頭（内側の部分）」「眉山（上に角度がつく部分）」「眉尻（外側の終わり部分）」のパーツで構成され、この3つをバランスよく整えていきます。

その日の顔に合わせて「軽さ」を意識する

眉は「強く描かない」ことがポイントです。その日の顔に合わせてちょっと崩す感覚を意識してみてください。「崩す感覚」を具体的にいうと、次のような感じです。

- 眉頭は抜け感を出す（薄めに描く）
- 眉山は自然なカーブを意識する（直線ではなくなだらかなラインを描く）
- 眉尻はスッと消えるようにする（ピタッと止めない）

ここまでのまとめとして、プロ直伝の眉メイクの極意です。

描きすぎない

眉頭から眉尻まで、ぴーっと横に1本の線で描かないことが鉄則です。

1回で完成させない

プロは、眉を1回のメイクで仕上げません。メイク中に何度か微調整しながら描いていくのがポイントです。

完ぺきな左右対象の眉にしようと思わない

年齢を重ね、左右差が出てきた顔に対して左右の眉を完ぺきに同じにしようとすると、不自然な仕上がりになることがあります。8割同じくらいのバランスがちょうどいいです。

「これでいいのかな？」と迷いながら描き直していた日々は、もうおしまい。今日からは、「その日の自分に合った眉メイク」を楽しんでくださいね。

コスメは開封したときから
酸化するから、
シーズンごとに買い替えて

限定コフレ、特別な日のために買ったリップ、アイシャドウパレット……。そんな使うのがもったいなくて眠っているコスメ、家の中にありませんか？

未使用のまま大切に保管していたリップやシャドウだとしても、気づかぬうちに酸化が進み、新品のように見えるけれど、じつは古いコスメに変わってしまっているのです。

化粧品は開封した瞬間から酸化がはじまり、時間とともにその効果は薄れていきます（開封しなくても使用期限があります）。

●リップがかさついて塗りにくい、変な匂いがする
●ファンデーションが分離して液体が2層になっている、色が変わった
●アイシャドウの発色が悪くなる、粉が固まってくる
●肌への密着感や発色が悪くなっているのを感じる

それらは酸化が原因かもしれません。

だからこそ、「シーズンごとにコスメを見直して、買い替えること」を意識しましょう。

忙しい方は冬至の時期に年に1回、少し時間がとれそうな方は冬至と夏至の年に2回、こまめに見直しができる方は春分や秋分の年に4回のタイミングで見直していくようにしてみてください（次は、あくまで見直すタイミングの例なので、冬至や春分からなど、はじまりに決まりはありません）。

●春分　春コスメ、古いアイテムを見直し
●夏至　夏コスメの買い替え&日焼け止めの更新
●秋分　秋冬の乾燥対策のため、スキンケアとコスメの見直し
●冬至　コスメ総チェック

「今までありがとう」「ここまで一緒にいてくれて感謝！」と声に出しながら手放しましょう。捨てることに罪悪感を持つのではなく、「次のコスメとの出会いがあるから、これまでありがとう」というポジティブな気持ちでです。

化粧品は未開封の状態で適切に保管すれば、おおよそ3年間は品質が保たれるのが一般的な目安です。

コスメは開封後、数か月～1年以内に使い切るのが理想です。とくに、リキッド系やクリーム系は空気や光に触れることで酸化しやすく、酸化が進むと使用感が変わり、肌が荒れたり悪影響をおよぼす可能性もあります。

スキンケア類は開封して1年で使い切る。日焼け止めはワンシーズンごとに買い替えましょう。

新しいコスメを買うときは「本当に使うかどうか？」と自分に問いかけてください。どんなに高価なコスメであっても、時間とともにだんだん効果が感じられなくなるので、やっぱり使わなければ意味がありません。

第5章

その効果がわかると「美容の習慣」は納得して取り入れたくなる

コスメを買うよりも、
今すぐ効果が出る美容

コスメを買うより、高い美顔器を買うより、エステに行くより、今すぐ効果が出るのは、日々の習慣となっている行動を変えることです。

「行動を変える」と聞くと、何か大きなことをしなければいけないと考える方もいるかもしれませんが、ほんの少し意識を向けるだけで、見違えるほど外見も変わってきます。

たった今からできること。たとえば、舌の位置を正しい場所に収めておくこともそうです。

舌の根もとあたりから上あごにベターとくっつけてみてください。

このとき、舌を上に持ち上げようとすると縦に細長くなってしまう方がいますが、平たくベターとくっつけるのがポイントです。

くっつけたままツバをゴックン。飲み込むことができましたか？

何回か繰り返すと、最初は頬や舌が少し痛く感じるかもしれませんが、このちょっとした動作を日々繰り返すだけで、頬は引き上がり、口角がきゅっと上がります。気づけば、たるみも軽減され、フェイスラインや二重あごもスッキリします。

舌を正しい位置に置く

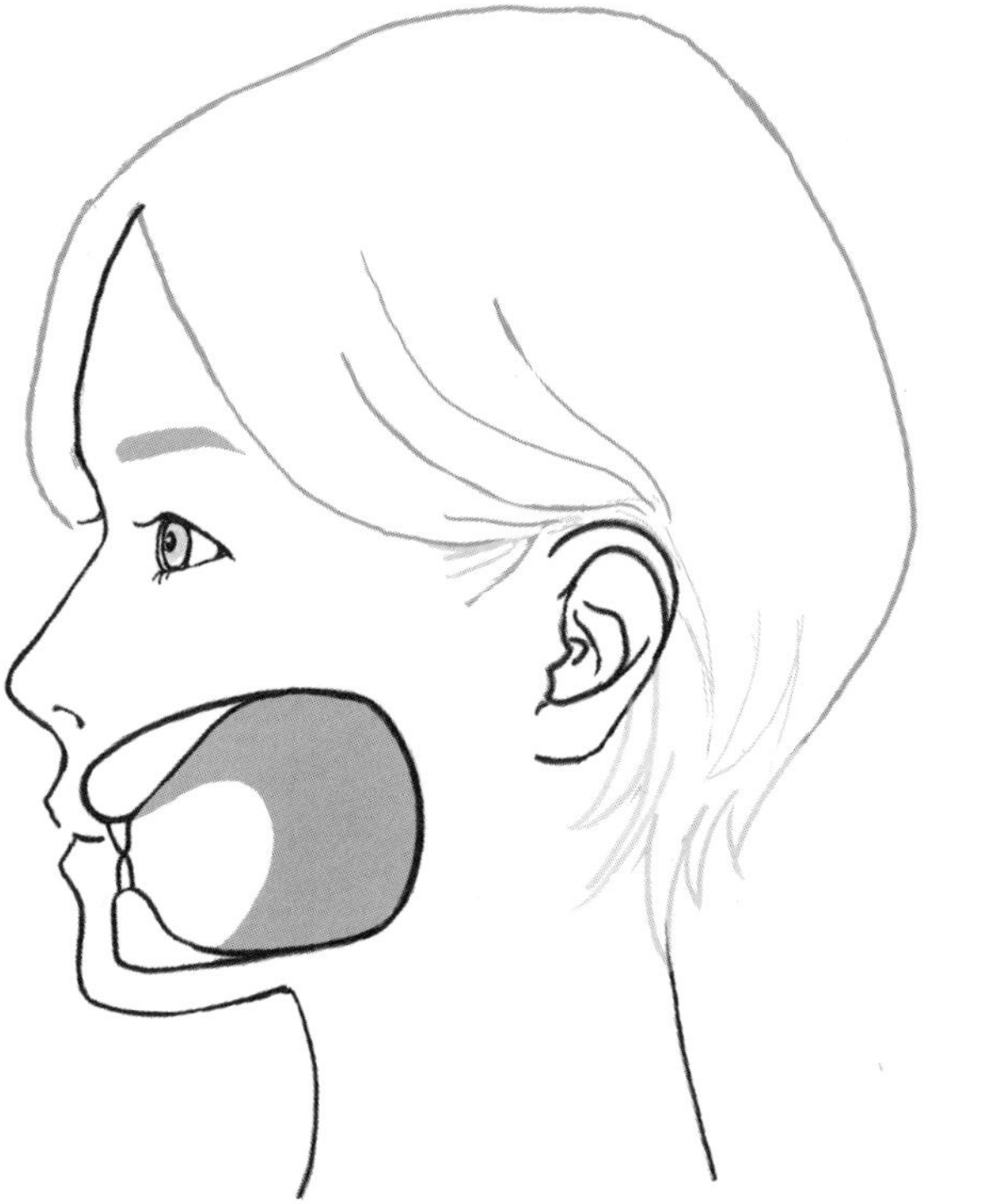

- 舌の根もとあたりから上あごにベターッとくっつける
- くっつけたまま唾をゴックン

水分：油分＝８：２の
バランスで
肌のキメが整う

「高い化粧品を買ったのに、肌が変わらない……」

「ちゃんとスキンケアしているのになんかパッとしない……」


こんなふうに感じたことはありませんか？

じつは、その理由は「化粧品が悪いから」ではなく、**肌の水分と油分のバランスが崩れている**という可能性も。

シワやたるみが気になるとき、まずめざすべきは「水分：油分＝8：2」の理想的なバランスです。この「肌の黄金比」が、肌のキメを整え、透明感を引き出してくれます。

肌は「水分と油分のバランス」が絶妙に保たれているときに、最高のコンディションになります。

ところが、年齢とともに肌の水分量は減少し、美容液やクリームを重ねても、角質層までうるおいが届きづらく、効果も感じにくくなります。

さらに、水分が不足すると、肌は「これ以上、乾かないようにしなきゃ！」と過剰に皮脂を分泌します。すると、テカるのに乾燥する「インナードライ肌」に陥ってしまうのです。この状態になると、「化粧水が入らない」「ベタつくのに乾燥する」という不調のループにハマってしまいます。

肌の改善について、3つのSTEPで見ていきましょう。

STEP1　角質ケア～肌の入り口を開けて、通り道をつくるイメージ～

古い角質が肌の入り口をふさいでいると、水分も美容成分も入れません。まずは「通り道をつくる」ことが大事です。とくに、クレンジング後に「肌がゴワついている」と感じる人は、角質ケアができていないサインです。

STEP2　化粧水～水を含んだスポンジのようにひたひたになるイメージ～

化粧水は「たっぷり」「たっぷり」「たっぷり」使います。これ、大事なことなので3回いいました。「ひんやりするまで」という感覚もポイントです。

STEP3　クリーム～油分のフタをして水分を閉じ込めるイメージ～

水分は、閉じ込めないと蒸発してしまいます。スープのフタをするように、油分で優しくふたをするイメージでクリームをのせていきましょう。ここで重要なのはクリームを「ケチらない」こと。

たっぷり保湿することで乾きにくい肌に変わっていきます。クリームだと乾く感覚がある方にはバームがおすすめです。

では、水分と油分が整うと、何が変わるのか?

化粧のりが格段にアップする

朝のメイクがラクになります。ファンデーションがするするのびる感覚が味わえます。

夕方のくすみが消える

日中に肌がくすむのは、乾燥と皮脂のバランスが崩れているから。水分と油分が整うと、朝のメイクが夕方まで続きます。

たるみと小ジワが目立たなくなる

たるみや小ジワは、乾燥による「しぼんだ状態」が原因のことが多いです。肌がふっくらすると、小ジワは目立たなくなり、顔全体がイキイキとした印象になります。

肌を満たし、輝かせるのは、あれこれと化粧品をたくさん買いそろえることではなく、シンプルなスキンケアです。同時に睡眠や食生活の改善も肌の改善につながります。表面的なケアだけでなく、体の内側からも整えることを意識しましょう。

年齢を重ねてできるシワも、肌がうるおいとツヤをまとうことで、やわらかく素敵な印象に変わります。

時間がないときは、拭き取りクレンジング

多くの人が洗顔で感じていることを、朝と夜でまとめると、だいたい次のような感じではないでしょうか。

「朝の洗顔って本当に面倒くさい……。とくに忙しい朝は、起きたばかりで眠いし、5分でも長く寝ていたいのに。冬場は水の冷たさが顔に刺さるようで、洗顔への一歩が重くなる。そこからまた保湿して、メイクして……って考えるだけで、もう憂鬱」

「夜のクレンジングは、疲れて帰ってきたときはとくに面倒くさい。ベッドに直行したくなるほどヘトヘトなのに、メイクを落とさなきゃいけないって考えると、それだけでやる気がなくなっちゃう。クレンジングをする体力も気力も残ってない。ただ、手間をかけたくないからってそのまま寝ちゃうこともあるけど、次の日の肌荒れが怖いし、結局やらないと後悔に……」

忙しい日々のなか、洗顔やクレンジングの手間が面倒くさく、精神的に重く感じることって多いですよね。時間や気力も限られているなかで、スキンケアが負担に感じられる気持ち、よくわかります。私もそうです。

ただ、面倒くさい気持ちが少しでもあると、まず洗顔をはじめスキンケアが雑になります。

雑にお手入れすると、ニキビができたり肌が荒れたりします。それにメイクが肌に残ったままの状態でまたメイクを重ねていくと、肌はくすむし、メイク崩れの原因にもなります。**雑なお手入れの「代償」は想像以上に大きいです。**

そこで、毎日必ずやることは面倒にならないような仕組みにすると、とてもラクちんです。そのとき使用するのが、拭き取りクレンジングです。限られた時間でメイクオフとオンを繰り返していく撮影現場やロケバスの中でも、大活躍しています。

しっかりしたメイクでも、拭き取りローションを染み込ませたコットンで2、3回拭き取れば、ほとんどのメイクは十分落とすことができます。

朝、面倒なときにもクレンジングローションで拭き取ると、古い角質が取れて肌の色がパッと明るくなります。このあとにつける化粧水の浸透がよくなるのを感じます。

プロのヘアメイクのほとんどは、撮影前にクレンジングローションで拭き取りをしてからスキンケアをしています。

プロがなぜそれを取り入れているのか？　それは、やったときとやっていないときの肌の状態が違うからです。まずは一度取り入れてみると、いつもと違う仕上がりを感じるはずです。

「でも、拭き取りだけで本当にいいの？」と不安に思う人もいるかもしれません。結論からいうと、「毎日それだけでいい」わけではありません。朝と夜のクレンジングは基本としつつ、「今日は疲れた」「明日の朝は忙しい」、そんな日は取り入れてみてほしいのです。

なぜなら、ここでも完ぺきをめざす必要はないから。クレンジングが面倒でストレスを感じるよりも、「少しでも肌をきれいに保ち、手を抜きつつもベストな方法」のほうが、心と体の負担が軽くなり、続きます。

こびりついた
古い角質は
そのままにしないで

肌の表面には、日々「古い角質」がたまっています。

この古い角質は、肌のフタのようなもの。本来なら自然に剥がれ落ちるものですが、年齢や乾燥が原因で剥がれ落ちず、肌にこびりつくようになってしまうのです。

この「こびりついた角質」が、私たちの肌に次のような悪影響を与えます。

- 肌がゴワつく→化粧水が入りにくくなる
- メイクが浮く→化粧が肌に密着しないため崩れやすくなる
- 肌がくすむ→透明感が失われて暗く見える

つまり、肌の上の「古い角質のせい」で、すべてがうまくいかなくなるのです。

スキンケアでは気づきにくいものですが、**肌がパッと明るくならないと感じたときは角質ケアが必要なサイン**かもしれません。

夜のクレンジング後には、ゴマージュや酵素洗顔を週に1回のスペシャルケアとして使って、定期的に角質を取り除くのがおすすめです。

日々の洗顔では落としきれない毛穴の汚れや、古い角質を取り除くことによって、肌のターンオーバーが促進されます。

ゴマージュは、つぶつぶのスクラブが入ったクリームやジェルで、やさしくすべらせることで古い角質を取り除きます。

酵素洗顔は、酵素の力で汚れを溶かしながら分解し毛穴の汚れも同時にオフしてくれるので、くすみが一気に消えると評判のアイテムです。


具体的な変化は、次の3つです。

●キメが整う→肌の表面の凹凸がなめらかに
●メイクの密着度がアップする→ファンデーションがピタッと密着して崩れにくい
●肌が明るくなる→古い角質の「くすみ」が取れるため、肌のトーンが上がる

角質を適切にケアすることで、肌の凹凸がなめらかになり、スキンケアがスムーズに浸透して、しっとりとうるおいのある肌を保てるようになります。

肌の透明感の決め手は、週に2回の毛穴の掃除

肌の表面のケアができるようになったら、次は「毛穴の掃除」にも取り組んでみましょう。

ポツポツした毛穴、「なんか嫌だな……」と思ったこと、ありませんか？　しかも、毛穴が詰まって黒ずむと、顔全体が暗く見えるのです。ファンデーションを塗っても凹凸が目立つし、仕上がりがくすみます。

そんなときにやるべきことは、クレイパックを使った「毛穴の大掃除」です。

週に1、2回、「クレイパック」や「ミネラルパック」と呼ばれる泥のパックで毛穴の汚れをしっかり取り除くと、まるで曇っていた窓ガラスをひと拭きしたかのように、肌が一気に明るくなり、透明感を取り戻せます。

週に1、2回の頻度が最適な理由は、不要な角質や毛穴の汚れを効果的に取り除きながら、肌の「皮脂膜《ひしまく》」のバリア機能を守るためです。

「皮脂膜」とは、皮脂（皮膚から分泌される油分）と汗が混ざってできる天然のバリア機能で、肌の表面を覆って水分を保ち、外部の刺激から守る役割をしています。

「毛穴の大掃除」の回数が多すぎると肌のうるおいまで奪い、乾燥や敏感肌の原因になりますが、週1〜2回であれば、肌のターンオーバー（約28日周期）に合わせて無理なくできるため、効果的かつ肌にやさしくケアできます。

使い方は簡単です。いつもの洗顔後に、お風呂で目のまわりを避けて顔全体に肌が透けないくらいたっぷりとクレイパックを塗布するだけです。

クレイパックをして湯船に浸かりながらじんわり体を温めていくと、毛穴が開いて皮脂や老廃物が浮き出やすくなり、まさに「毛穴の大掃除」が進んでいきます。

パックが乾きはじめたらお湯で洗い流しましょう。洗い流した瞬間、肌の明るさにびっくりするはずです。ゆで卵のような、つるんとした手触りで透明感が際立ちます。「え!?　私の肌、こんなにつるつる?」と驚いて、お風呂の中で思わずニンマリしてしまう瞬間です。なんとも気持ちのいいさっぱり感に。

そして、これも知っておいてほしいのが、やりがちだけれどやってはいけない、クレイパックの3つのNGです。

- 長時間つけすぎる→乾燥が進んで、かえって肌がごわつく
- 薄く塗る→塗る量が足りないとすぐに乾いてしまい、突っ張りの原因に
- クレイパックを毎日使う→やりすぎると、かさつき肌に

これらは、肌に非常に負担をかけてしまうので、どんなにいいものでも、商品の使用頻度を守り、週に1、2回のペースでスペシャルなケアを続けること。いくら効き目があるからといっても、やりすぎは禁物です。

10日に1回、リップスクラブで唇の角質ケアをする

スキンケアの中で、意外とやっていない方が多いのが、唇の角質ケアです。

まず、唇には皮脂膜がないのをご存知でしょうか？

唇は皮脂膜がない特別な部位。だから乾燥しやすく、割れやすい。なのに保湿をつい忘れがちで、乾燥して固くなっていることも少なくありません。

そのため、リップクリームやバーム、リップスクラブなどで外側からうるおいを定期的に補うべくケアする必要があります。

リップスクラブは市販のものでもいいですが、自宅にある材料で簡単につくることもできます。

私のおすすめはハチミツと砂糖を1：1で混ぜたものです。粘り気があり、とてもマイルドな使い心地でリップスクラブ初心者に使いやすいです。

ほかにも、オリーブオイルやココナッツオイルと砂糖を1：1で混ぜたものは、さっぱりした感じでしっかり角質が取れます。

ティースプーンの上で、リップスクラブを指先で混ぜ合わせたら、唇にのせて軽くマッサージするように塗り、優しく円を描くようにこすります。このとき、強くこすらずに、唇に負担をかけないのがポイントです。

1分ほどマッサージしたら、ぬるま湯で洗い流して、すぐにたっぷりと保湿リップを塗りましょう。

唇のターンオーバーの周期は約3〜5日といわれています。10日に1回のケアが、唇に負担をかけず最も効果的にふっくら感をキープできます。

カサカサの唇がフカフカになると、とても心地よく顔の印象も明るくなります。

リップスクラブ後の仕上げは保湿が命。ここをサボると、せっかくのケアがムダになってしまいます。唇はこまめにケアしましょう。

髪は短時間でも
正しいケアをすれば
変わる

老けて見えるかどうかは髪の印象も大きく、とくに「形や長さ」ではなく、「質感とツヤ」で8割決まるといっても過言ではありません。

髪質が整い、健康的なツヤとハリがあることで、その人全体の印象までもが大きく変わります。

美容院でドライヤーやアイロンで丁寧にセットしてくれると、髪がしっかりまとまりますよね。

「美容院でお手入れしてもらったあとの髪は、なぜサラサラなの？」。この感覚、きっと多くの人が共感できるはずです。

スルッとした触り心地、軽やかでまとまった感触。あの状態は、単に髪の毛をカットしただけではなく、「髪質」が変わっているからなんです。

髪が本来持つ水分と油分のバランスが整い、キューティクルがしっかり閉じられていることで髪のごわつきがなくなり、髪がいちばんまとまりやすい状態になっているのです。

自宅でも同じように少し時間をかけて丁寧に仕上げることで、髪質は驚くほど安定し、自分でもうっとりするようなツヤ髪に整います。

私がシャンプーのテレビCMのヘアメイクを担当していたときの話です。

CMの撮影現場では、1日3〜4回のシャンプーをして、髪のダメージを最小限に抑えながら、数日間でダメージヘアを「魅せる髪」へと変える技術が求められました。「どんな過酷な環境にも耐える美しい髪をつくる。短期間で髪質を劇的に改善する」というのが私のミッションでした。

そのCMでは何十回ものカメラテイクに対応するべく、出演者の方々の髪が耐えられる状態を急ピッチで整える必要があります。

スタジオのホコリが舞うなかで頭皮からは汗や皮脂が出ます。それでも数時間におよぶ過酷な撮影に耐えられる髪に仕上げなければならない。

出演者の髪は、最初は乾燥でパサつき、手ぐしが通らない状態でしたが、集中してケアを続けると、髪の1本1本が健康的な髪に生まれ変わりました。カメラで撮影しても光がしっかり反射する髪に。この変化を見たとき、髪は短時間でも正しいケアをすれば変わるのだと確信しました。

この技術は特別なものではなく、誰でも取り入れられます。ポイントは「シャンプーの選び方」「頭皮のケア」、そして「ドライヤーとヘアアイロンの使い方」です。

シャンプーの選び方

髪質を改善し、健康な髪を育てていくには「シャンプーの選び方」が大事です。シャンプーは毎日使う消耗品だからと安価なものを選びがちですが、頭皮や髪、肌に悪影響をおよぼす刺激の強い化学成分が配合されているものがあります。洗浄力や泡立ちをよくするためのものは、成分の種類によっては頭皮へのダメージ、抜け毛の原因にもなります。

自然由来で添加物を多く含まないタイプのシャンプーがベストです。さらに、しっとりタイプかサラッとタイプかに合わせて選ぶだけでも髪質を改善できます。

頭皮のケア

頭皮の皮脂のコントロールがうまくできていないと、どんなにいいトリートメントを使ってもベタついたり、頭皮の湿疹の原因になったりします。

そこでやっていただきたいのは、**指の腹を使い頭皮をマッサージするようにもみほぐすことです。**

固くなった頭皮からは健康な髪が生えにくくなります。凝り固まった頭皮をシャンプーのたびにほぐしていくことで、毛穴に詰まった汚れも落ちやすくなります。

仕上げはお湯でよくすすぎます。シャワーヘッドを直接頭皮にあてて反対側の手をくの字にしてお湯をゴボゴボとためながら洗い流すようにしてみてください。

毛穴のつまりも取れやすく、お湯の温度を感じ、サロンでヘッドスパを受けているような気持ちよさを味わうことができます。

肌荒れがひどい方や、薄毛に並んでいる方はこれにプラスして、残留塩素を除去できるシャワーヘッドを取り入れるのもおすすめです。

お湯に含まれる残留塩素により酸化のダメージを受けると、肌や頭皮は乾燥して刺激を受けます。シャワーヘッドは高機能なタイプでなくとも残留塩素除去だけできる低価格でシンプルなもので十分です。

ドライヤーとヘアアイロンでツヤとハリを出す

年齢とともに髪のハリやコシ、量が減っていくことで、ヘアスタイルを長時間キープするのが難しくなりますが、ドライヤーとヘアアイロンを使い、適度に熱を与えると、ツヤやハリ、キープ力が飛躍的にアップします。

7割、8割、髪が乾いたら温風と冷風を15秒間隔で切り替えながら、根もとのクセを取っていきます。

温風で水分を飛ばしてかたちを整え、冷風でキューティクルを引き締めると、ツヤが生まれます。

ドライヤーを持つ手の反対側の手で髪の根もとあたりをつかみながら、少し引っ張り加減でドライヤーの風をあてることで根もとにハリ感が出ます。

慣れないうちは、髪のすべての根もとを顔の中心に向かって引っ張るように。いろいろな方向に髪の根もとを動かしながらやってみるようにしてください。

仕上げに髪の表面や毛先をヘアアイロンで整えていく。こうすることで髪表面にハリとツヤが生まれ、自宅でもサロン仕上がりのヘアスタイルをつくることができます。

髪質がいい状態だと、ドライヤーで乾かすときにも櫛《くし》や指が通り、髪が乾きやすくなりますし、ヘアアイロンもやりやすくなり、スタイリングが格段にラクになります。

こうして髪の印象を決める「質感の8割」が整います。残りの「2割」は、全体のシルエットです。

ドライヤーで乾かすコツ

髪の根もとあたりを
つかみながら、
少し引っ張るような加減で、
ドライヤーの風をあてる

立体感を意識して、頭頂部と顔まわりにボリューム感を出し、ハチまわり（ハチマキを巻く部分）は抑え気味に仕上げていくことで、髪と顔まわりがひし形のシルエットになり、どんなヘアスタイルでもシャレた仕上がりになります。

自分に合った髪のお手入れ方法や日々の仕上げ方のコツがわかると、毎日ストレスなくスタイリングができるようになります。

まずは、自分の髪が「ごわついているか」「サラサラしているか」を触って確認してみてください。

もし、美容院の帰りのようなあの感覚がなければ、シャンプーを見直して、頭皮をほぐすことからはじめてみましょう。

洗い上がりの髪が心地よく、まとまりやすさを感じる日が続いてきたら、髪質改善の効果が出ている証拠です。

髪のシルエットのコツ

●頭頂部と顔まわりにボリュームを

●ハチまわりは抑え気味に

●ひし形のシルエットに

眉毛の産毛は剃らないで

鏡で自分の顔を見ながら眉まわりの産毛が気になって、思わず全部剃ってしまったこと、ありませんか？

眉毛には、顔全体にやわらかな印象を与えるという大切な役割があります。

眉のまわりの産毛をギリギリまで剃ってしまうと、一見、スッキリしたように感じるかもしれませんが、どうしても眉のまわりがのっぺりとして平坦な顔の印象になってしまいます。

じつは、眉まわりの産毛は顔の立体感をさりげなく支えている存在なんです。産毛がほどよく残っていると、光を受けてふんわりとした陰影が生まれ、眉の描き足しも自然に見えるようになります。

一方、眉の産毛が完全に剃り落とされると、せっかく描いた眉がかえって不自然に浮いてしまうことも。

表情が動くたびに左右の筋肉の動きが違う場合には、完ぺきに剃りすぎた眉のかたちが不自然に見えるだけでなく、あとから描くときにバランスをとるのが難しくなることもあります。

そのため、眉から2ミリくらい離れたところまで剃るようにすると、失敗なく顔剃りできます。2ミリというのは、つまようじほどの幅です。

これを目安にして、眉の輪郭から少し外側を残すイメージで剃りましょう。

使用するフェイスシェーバーは音波式がおすすめです。やわらかな剃り心地で肌に負担をかけず、お手頃な価格で手に入ります。

眉の産毛を少し残すだけで、陰影が自然に生まれ、立体感が引き立ちます。

美顔器の前に、まずマッサージを

人気の美顔器を買ったけれど、結局は置き物状態に。

こうした経験があるのは、おそらく、使いはじめてすぐに思ったような効果を実感できなかったからかもしれません。

自分の手でマッサージをするのが習慣になると、その流れから美顔器も自然と続くようになっていきます。結果、顔は引き上がり、血色感が増し、くすみが軽減されてきます。

そうやってマッサージを続けて、整形級に印象が変わった人を私はたくさん見てきました。

ひと回り小顔になった方や、目の下のくすみやたるみが軽減され、明るい印象になった方も多いです。

大切なのは、簡単に覚えられる単純なマッサージをコツコツ継続すること。だから、「ちょっとやってみた」だけでは、その効果を実感するのが難しいのです。

やめずに続ける。たとえ、できない日があってもまた再開する。わずかな空き時間にこまめにやる。これに尽きます。

たとえば、両肘をテーブルにつき、軽く手を握り、親指の先と人差し指の第二関節であごを挟む。親指の先を顎の内側にぐっと押し込むようにすると、痛気持ちいい刺激を感じます。

さらに、同じ手の状態で耳を挟み、親指でグッグッと押しながらもみほぐしていくとじんわり血流が上がるのを感じとても心地いいです。コリが取れ、血流が上がることで顔のむくみが軽減されます。

そして、**マッサージで意識してほしいのは、やる前とやったあとの違いを自分で感じること。**

自分の手のひらで肌を触りながら感覚を研ぎ澄ませていくと、ちょっとした変化に気がつくようになります。

ところが残念なことに、多くの人がマッサージの効果を実感する前に、1、2回やって、その後は何もせず終わり、というパターンに。

親指で耳を挟み、
グッグッと押しながら
もみほぐす

そのまま放置すると、むくみやエイジングは確実に、しかも加速して進んでいきます。それもかなりのスピードでです。

なぜ、これほどまでに「マッサージの大切さ」をお伝えするかというと、むくみや血流をよくすることで見た目の印象が変わるだけではなく、心も同時にケアができるからです。

とくに手を使って顔をマッサージしていると、目の疲れが取れて、頭もスッキリします。じんわりと体温を感じリラックス状態に入ります。呼吸も整い、自然と気持ちが落ち着いていくのを感じます。心のケアにもつながり、心身ともに癒やされ、表情もやわらかくなるのです。

ほうれい線は「動かす」のが最強ケア

見た目の年齢を左右するほうれい線は、きっと年齢を重ねる女性にとって永遠の悩みですよね。

実際に、こんな声も耳にします。

「鏡を見るたびに、笑ったときのほうれい線がくっきり残るようになっちゃって。時間が経つとファンデーションがその線に入り込んで、余計に目立つんです。仕事中とか、ふと鏡を見るたびにその線が気になって、一日中気持ちが下がることも……」


ほうれい線のケアには、毎日の簡単なマッサージが効果的です。朝晩のスキンケアのタイミングで、ほんの1、2分あれば十分です。

やり方は、まず手のひら全体を使って顔の中心から外側に向かって、下から上に持ち上げるように優しくスライドさせながらマッサージします。

ポイントは、力を入れすぎず、肌に負担をかけないこと。フェイスラインや頬骨の下をリフトアップするように意識して、しっかり引き上げていきましょう。

それから、ほうれい線に直接アプローチする方法として、両手を猫の手のようにして肘をつき頬骨の下に添わせます。押し上げながらゆっくり揺らしほぐしていきます。

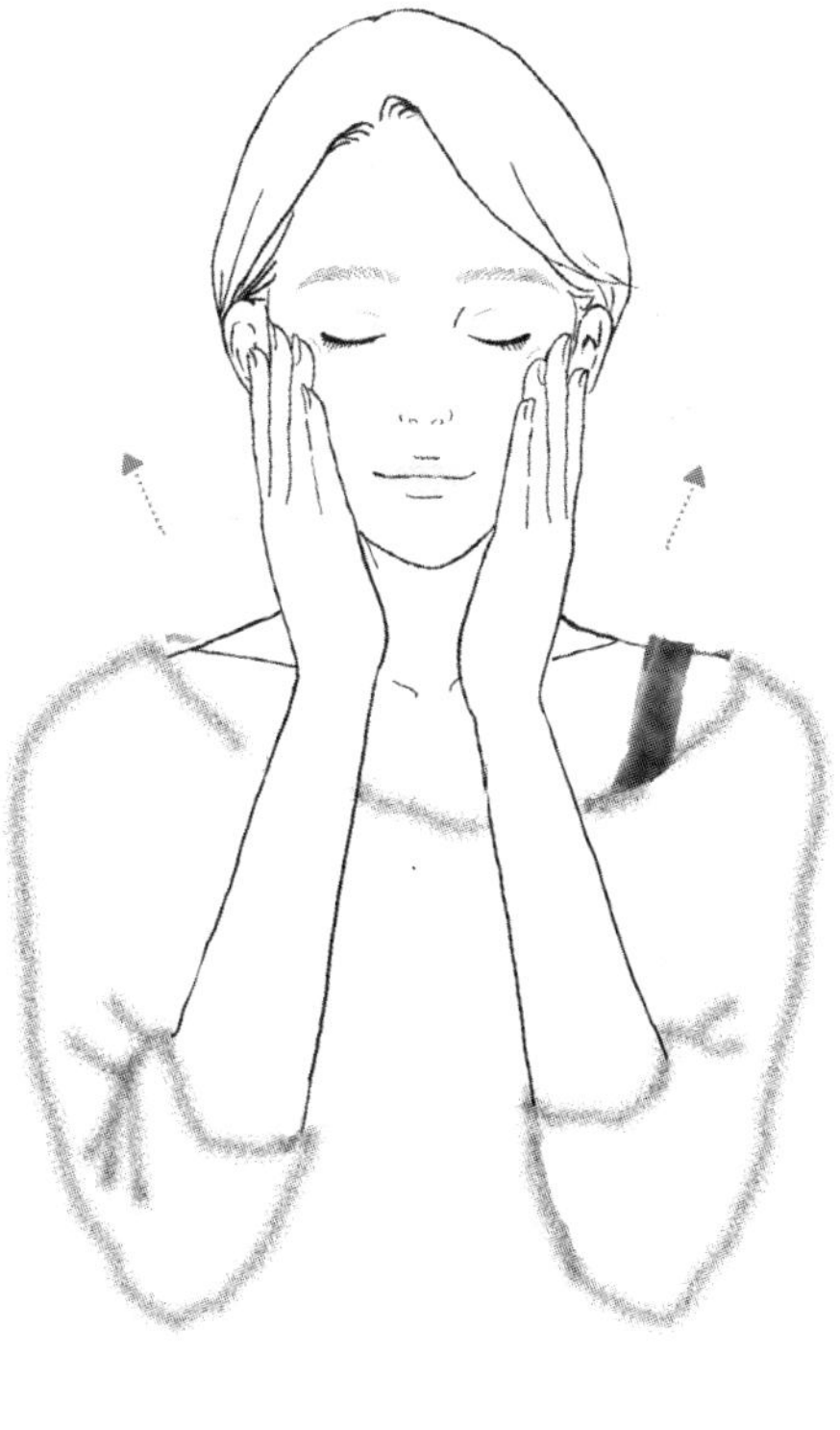

手のひら全体を使って
顔の中心から外側に向かって、
下から上に持ち上げるように
優しくスライドさせながらマッサージをする

さらに、耳の上にある大きな筋肉、側頭筋に5本の指先をあててもみほぐすことで、リフトアップ効果が期待できるだけでなく、血行も促進されて顔全体がすっきりします。少し痛気持ちいいくらいの圧がイメージです。

マッサージは、毎日続けることが大切です。とくに夜のお手入れの最後に、保湿クリームやオイルを使いながら行うと、保湿も一緒にできて一石二鳥です。無理なく続けていくことで、肌のハリが少しずつ改善されて、ほうれい線が目立たなくなってくるはずです。

「毎日コツコツ」。呪文のように唱えながらやってみてください。

ほうれい線が変わるだけで、あなたの第一印象は劇的に変わります。まずは1日1分から、はじめてみませんか。

老けて見える「マイナスのシワ」と幸せな「プラスのシワ」

メイクをしても、どうやっても隠せないものがあります。それはシワなどの凹凸のあるものです。

だからこそ、シワに関して、メイク以上に大切なことがあります。それは「表情のクセ」です。

アイメイク中、眉やおでこに無意識にシワが入る方は多いです。とくに小さな鏡を見ているときは目もとに集中しすぎて、おでこのシワに気づかないまま。毎日続ければ、おでこにシワが刻まれるのは自然な結果です。

これを防ぐには、鏡を目線より少し下に置いてアイメイクをすると、自然とおでこがリラックスし、シワが入りにくくなります。

また、ふと時計を見上げるときなどにも無意識の表情ジワが生まれていることに注意が必要です。これらは、余計なシワを自分でつくっているともいえます。

目のまわりにある丸い筋肉（眼輪筋《がんりんきん》）を大きく外側に広げるイメージを持ちながら目を大きく開き、頬骨の下にある４本の筋肉（小頬骨筋《しょうきょうこつきん》・大頬骨筋《だいきょうこつきん》・頬筋《きょうきん》・笑筋《しょうきん》）をキュッと引き上げ、微笑むように笑うと、頬のたるみが引き上がり、ほうれい線が深く刻まれにくくなります。

そして、イライラしたときや考えごとをしたときにできる眉間の縦ジワ。これは「マイナスのシワ」と呼ばれていて、キツく神経質な印象に見えます。

無意識にできてしまうのがこの縦ジワです。とくに寝ているときに深く刻まれてしまい、この眉間の縦ジワを防ぐには、心身ともにリラックスする以外に方法がありません。

縦ジワは、就寝前のすごし方で劇的に解消されます。

寝る3時間前までには食事を済ませ、2時間前までにお風呂に入り、できるだけスマホは使わないようにしましょう。

もしスマホが気になるなら、アロマの香りを焚きながら、リラックスできる音声アプリやポッドキャストを流すのもおすすめです。どうしてもスマホを見たいときはタイマーを5分かけ、この時間だけと決める。

たっぷり身体をストレッチし、香りのよいスキンケアで顔と身体をマッサージすると、癒やしの香りでリラックスでき、深く質のよい睡眠をとることができます。

モデルや女優が、なぜあんなに美しく健康的なのか？

それは健康こそがいちばんの美しさだと心得ているからです。美容の習慣を自分の生活の一部として取り入れて継続しているから、自然な美しさがあるのです。

どんなに高価な美容液よりも優先すべきは、**生活習慣の見直し**です。取り入れると、体調がすこぶるよくなるのを実感します。

顔のたるみが取れ、びっくりするくらい顔色もよくなります。朝から頭もスッキリしていて、とても気持ちのよい1日がスタートします。

生活習慣を変えるだけなら、お金もかからずいいことづくめ。こんな素晴らしいことを取り入れない手はないですよね！　しかも、今日からすぐにはじめられることばかり。

まずは、3日間続けてみてください。寝る時間を決めて、そこから逆算していく。時間が決まったら、それを行動に移すのみです。気づけば顔色がよくなり、自分の顔が変わっていくのを感じたとき、思わず笑顔がこぼれるはずです。

そんな「にっこり笑顔」の自然な表情による目もとに入る横ジワ。こうした自然にできたシワは「プラスのシワ＝幸せジワ」といわれていて、とても魅力的です。

自分の肌を知る

「特別な日だから、特別なことをしなければならない」。きっと多くの人がそう思っているでしょう。例外なく、私もそうでした。

明日は結婚式。小さな頃から憧れ続けていた花嫁になる日が、とうとうやってきます。

背中に羽が生えたような気持ちで、ウエディングドレスをより美しく着こなすために、顔や腕、背中の産毛の処理を念入りにしました。

特別な日だからと、いつもなら手が出ない少し贅沢なボディオイルを使い、剃ったあとの肌をしっかり保湿しながら丁寧にマッサージをしました。自分自身をいつも以上に大切に扱う、その時間も幸せに感じました。

「これで、明日は完ぺきな自分になれる」。そんな期待を抱きながら。

ただ、ケアをしたあと、肌がなんだかピリピリする……。「なんか変だな」と思ったものの、そのうち気にならなくなるはず、と軽く受け流しました。

けれども、チクチクとした不快感は上半身全体に広がりはじめていました。それでも、「大丈夫、大丈夫」と心の中で自分に言い聞かせ、気持ちを切り替えようと必死でした。

翌朝、結婚式の当日。ドレスやブーケの最終確認、式場との打ち合わせ、遠方からの親族への対応と、スケジュールは分刻み。

あっという間に時間がすぎ、気づけばメイクの時間でした。

ふと鏡を見た瞬間、言葉を失いました。

「な、なにこれ……」

信じられませんでした。顔や腕、背中が真っ赤に腫れ上がっていたのです。

「どうしたんや、えらいことになってるぞ」。父のひと言が、私の心をさらに揺さぶりました。

体中がかゆい。痛い。だけど、それよりも「どうしよう、花嫁なのに……」と不安と後悔が一気に押し寄せました。

急いで冷やし、なんとか赤みを抑えようとしましたが、肌は一向に落ち着く気配がありません。必死でファンデーションを重ねても、赤みは完全には隠れません。

もともと肌が弱いのをわかっていたのに、どうしていつもはしないようなことをしてしまったんだろう……。

今日は、世界一きれいな自分でいるはずなのに。

一生に一度の晴れ舞台なのに。

その瞬間、涙がポロポロとこぼれました。

私、全然大丈夫じゃなかった。

でも、父も母も笑顔で「きれいやで」といってくれたおかげで、どうにか気持ちを立て直しました。

式がはじまる頃には、家族の声に心が少しずつほぐれ、「今日だけは自分を責めるのはやめよう」と思えたのです。

「特別な日だから、特別なことをする」はNG。
だからこそ、日常のスキンケアのなかで「肌の状態を観察すること」が大切です。

- 朝の洗顔後、肌が突っ張らないか?
- 夜のクレンジング後、肌がピリピリしていないか?
- 季節の変わり目に、肌の調子が変わっていないか?

これらを意識するだけでも、肌のサインを受け取る力がつきます。

今、私が肌に寄り添うメイクやスキンケアを伝える理由は、あのときの自分と同じような思いをしてほしくないから、というのもあります。
特別な日も、ふだんの何気ない日も、あなたの肌の声に耳を傾けてくださいね。

第6章

究極的にはどんなコスメでもいい。でも、ツールしだいで輝く速度は変わる

メイクブラシは、まず人工毛で5本そろえる

メイクの仕上がりを決める影の立役者はメイクブラシです。使う道具ひとつで、仕上がりが「雑」になるか「プロ級」になるかが変わります。

メイクブラシには、大きく分けて「天然毛」と「人工毛」の2種類があります。次はそれぞれの特徴です。

天然毛の特徴

- 素材　ヤギやリスの毛などを使い、ふわっとやわらかい
- 使用感　粉含みがよく、ナチュラルな仕上がりになる
- 手入れ　お手入れが大変（専用の洗剤で洗う）
- 価格　高価なものだと数万円するものも
- 耐久性　使い続けると毛が痛みやすく、雑菌が繁殖しやすい

人工毛の特徴

- 素材　ナイロンやポリエステル製で、最近の品質は格段に向上
- 使用感　天然毛に負けないやわらかさと粉含み

●手入れ　石鹸や台所洗剤で簡単に洗えて乾くのも速い
●価格　1000円以下で買える手頃なものが多い
●耐久性　毛が抜けにくく、長持ち。敏感肌でもOK

「憧れの高級ブラシ」として天然毛を使ってみたことがある方も多いかもしれませんが、正直なところ、手間がかかるのがいちばんのネックです。

はじめてブラシを買いそろえるなら、「人工毛のブラシを選ぶ」のがおすすめです。理由は、手入れのしやすさ、耐久性、そしてコスパのよさからです。

昔は「人工毛のブラシは粉含みが悪い」といわれていましたが、今では天然毛とほとんど変わらないクオリティに進化しています。

とくに肌が敏感な方や、忙しくてお手入れに手間をかけたくない方には、人工毛のブラシが最適です。ブラシの扱いやお手入れに慣れてきたら、天然毛を使ってみるのも選択肢の1つかなと思います。

次は、そろえておきたい5本の人工毛のブラシです。まずは基本的なブラシを用意しましょう。このセットがあれば、プロ並みの仕上がりを手軽に実現できます。

コンシーラーブラシ（毛足が短め）

平らな筆先で、クマやシミを自然にカバー。

スクリューブラシ（細長く密に詰まった毛）

眉やまつ毛の毛の流れを整えられる。

アイブロウブラシ（斜めカット・硬めの毛）

斜めカットの筆で眉を自然に描ける。

アイシャドウブラシ（丸筆・人指し指くらい）

短めの毛先でまぶたにふんわり陰影をつける。

フェイスブラシ（親指よりひと回り大きめ）

小回りが利き、パウダーをふんわりのせられる。

メイクブラシは正しいお手入れをすれば長持ちします。使うたびにティッシュの上でサッとすべらせて粉や油分を取り除きます。

月に1回程度はしっかり洗って清潔に保ちましょう。水や石鹸、台所洗剤で洗うことも可能です。

まず、容器にぬるま湯と台所洗剤を入れ、ブラシの毛先を左右に揺らしながら洗います。

その後、ぬるま湯だけで同じ作業を繰り返し、汚れが落ちたらブラシの根もとから親指で絞り、水をしっかり切りましょう。

最後に、毛先を中心に集め、毛先を下に向けて吊るしたり、タオルで少し高さを出したりして、ブラシの先がタオルにつかないように乾かすことで型崩れを防げます。

ブラシは洗わずに使い続けると劣化が早まりますが、大切に使えば長く愛用できます。定期的に洗い、数年に一度は買い替えを検討してみてください。

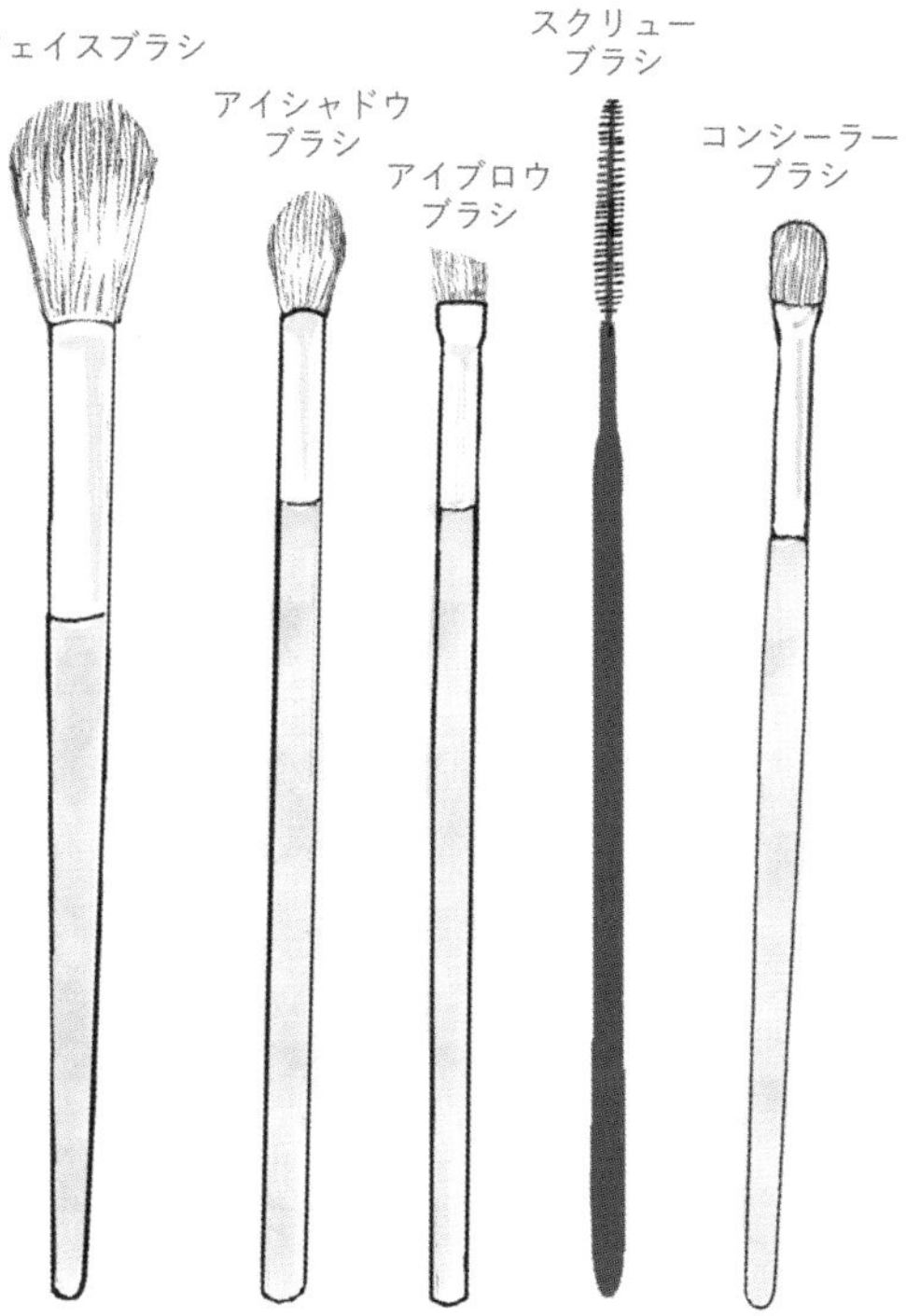

用意するのは（右から）コンシーラーブラシ、
スクリューブラシ、アイブロウブラシ、
アイシャドウブラシ、フェイスブラシの５本

ビューラーとまつ毛ドライヤーのダブル使いでキープ力を上げる

「老け見え顔」と「若見え顔」。その違い、じつは、まつ毛がポイントなんです。

まつ毛が自然にきれいに上がっているだけで、人に与える印象がかなり違います。


ビューラーとまつ毛ドライヤーをダブルで使うことで、カールのキープ力が驚くほど変わります。この2つを組み合わせると、朝つけたカールが夜まで続くのです。

ビューラーだけでは湿気やまつ毛の重みでカールが落ちてしまいがちですが、まつ毛ドライヤーで根もとから乾かすことで、しっかりホールドされたカールが続きます。

一時期、流行っていたホットビューラーは熱でまつ毛を上げていくタイプなのですが、最近のマスカラはお湯落ちできるものが多く、熱で溶けてしまいます。

ウォータープルーフタイプのマスカラならホットビューラーでもかまいませんが、ハリやコシがなくなったまつ毛には断然まつ毛ドライヤーが活躍します。


まつ毛ドライヤーの使い方です。

スイッチONしたら、先端からほんのり温風が出ます。まつ毛の根もとに軽くあて、3秒間キープ（ここが重要！）。「中間→毛先」の順にゆっくりすべらせます（1本ずつ丁寧にとかし上げる気持ちで）。

そして、ビューラー×まつ毛ドライヤーでカールを実現するポイントです。

1　パウダーを含ませた小さめのブラシで、まつ毛全体の余計な油分を取り払う
2　ビューラーのフチをまぶたの根もとに軽くあてて、まぶたを少し持ち上げるように（ただし、まぶたを強く引っ張ると、まぶたのたるみの原因に）。これでまつ毛の生え際がしっかり見える状態になってから、まつ毛を挟み込みましょう。力を入れすぎて「グッ」と挟むと、まつ毛が抜けるので注意
3　軽い力で「ククッ」とリズミカルに動かし、根もと・中間・毛先にアーチをつける
4　すぐにクリアタイプのマスカラベースを根本にくっとつける
5　まつ毛ドライヤーでマスカラベースを乾かす
6　マスカラをつける

まつ毛ドライヤーは、まつ毛のカールをキープさせる最強のツールです。プロが実践しているこのやり方なら、一日中キープ力のある仕上がりになります。

仕上げのマスカラは、重くならないタイプを選ぶことがポイントです。できればコームタイプやスクリュー部分が細いタイプのマスカラを。重いタイプのマスカラは、せっかくのカールを下げる原因になってしまいます。

「下まぶたにマスカラがついてしまう」という悩みも、まつ毛ドライヤーを使えば解消できます。マスカラを塗ったあとにまつ毛ドライヤーで乾かすだけです。

ビューラー×まつ毛ドライヤーの最強タッグで、朝のまつ毛が夜まで崩れなくなります。

まつ毛カールや、まつ毛パーマは、長持ちさせたくて強めにかけたり、毎月やりすぎたりしてしまうと、まつ毛のカールが強くなってしまい、まぶたに張りついた印象になることがあります。まつ毛の状態を確認しながら、タイミングをみて決めるようにしましょう。

3万円以上のヘアドライヤーでプロ級の仕上がりに

「朝の髪が思いどおりにならない」という悩みの多くは、前日の夜のケア不足に原因があり、半乾きのまま寝てしまったりしてついた寝グセが最大の原因です。とくに頭にタオルを巻いたまま寝落ちしたときなどの寝グセは最強に手強いです。

髪が濡れていると、キューティクルが開いた状態になります。このとき、枕に押しつぶされて寝返りを打つと、髪がクセづいてしまい、結果、寝グセがつくのです。

朝になってから寝グセに水でスプレーをかけてドライヤーで直すのはとても面倒で、プロでもなかなかリカバリーができない強敵です。だからこそ、夜、シャンプー後に髪をどれだけ丁寧に乾かすかで、翌朝の「髪のまとまり」が決まります。

髪を乾かす際に大きなポイントとなるのは、ドライヤーです。ドライヤーの性能が、仕上がりに大きな影響を与えます。

高性能のドライヤーは髪を乾かすだけでなく、髪をいたわるための機能が搭載されているのが特徴です。キューティクルを閉じたまま乾かすことができるため、ツヤ感としっとり感が出て、まるでサロン帰りのような仕上がりになります。

さらに、風量の違いも大きなポイントです。一般的なドライヤーは、乾かすのに時間がかかり、熱ダメージが蓄積しやすいのですが、風量の強いドライヤーなら短時間で乾かせるため、熱ダメージを最小限に抑えられ、パサつきにくくなります。

実際に私はドライヤーを変えたら、スタイリングが倍以上ラクになりました。

最初は「高いから、どうしようかな……」と感じていましたが、スペックや機能性が格段に違うので、思いきって3万円台のドライヤーを購入しました。

使ってみると「なんだ、これ!?」と感動しました。なぜなら、髪が乾くのがとにかく速い。これまで10分かかっていた乾燥時間が、たった5分に短縮されたのです。

しかも、指通りがなめらかでツヤツヤになり、ブラシが引っかからなくなりました。そして、翌朝も驚きました。「あれ？　寝グセがない！」。朝のスタイリングが格段にラクになり、かつ忙しい朝のドライヤーの時間が大幅に節約できたのです。

毎日、スタイリングに悩んでいたのが嘘のようで、正直この投資は大正解でした。髪の調子が格段によくなり、仕事でもプライベートでも手放せないアイテムです。

髪の印象は、顔の印象をも大きく左右します。ドライヤーが「作業」から「美容ケア」に変わると、髪が整い、スタイリングにも自信が持てるようになります。

コシのなくなった髪も
ヘアアイロンで
ハリとツヤが出る

年齢を重ねると、髪の質感が変わり、ツヤやボリュームが出ません。とくに、朝起きたときに、「髪がペタンとする」「根もとのボリュームが出ない」と感じる方も多いのではないでしょうか。

そんなときには、ストレートアイロンを活用しましょう。ヘアアイロンを使うことで、髪にハリとツヤが生まれ、仕上がりが一日中キープされます。

髪へのダメージを最小限に抑えつつ、しっかりとスタイリングするためには、ヘアアイロンの選び方が重要なカギです。ヘアアイロンの選び方のポイントです。

立ち上がりが早い

朝は1分1秒でも貴重な時間。立ち上がりが早いヘアアイロンを選ぶことで、待ち時間がなく、すぐにスタイリングをはじめられます。

プレートの薄さ

プレートが薄いタイプのヘアアイロンは、小回りが利き、根もとの立ち上げが簡単。根もとからしっかりとヘアアイロンをかけることで、髪全体にハリが生まれます。

ヘアアイロンの幅は中間サイズ

太すぎるヘアアイロンは、前髪やサイドの髪をうまく挟めません。一方、細すぎると、髪に不自然なカクカクしたあとがつきがち。太すぎず細すぎない中間の幅が最も使いやすいサイズ感です。

操作性のよさ

ヘアアイロンは手にフィットするサイズ感が大事。大きすぎると操作しづらくなり、小回りも利かなくなります。手になじむサイズを選ぶと、根もとから毛先まで均一に熱を通せるので、仕上がりもきれいです。

では、次にヘアアイロンで美しい仕上がりにするための使い方を見ていきましょう。

ヘアアイロン前の準備

髪全体にアウトバストリートメント（洗い流さないトリートメント）をつけ、コームタイプのブラシで髪をとかします。髪が絡まったままだと、熱が均一に伝わらず、仕上がりにムラが出てしまい、髪へのダメージも増大するため注意が必要です。

ゆっくり、止めずに通す

朝のスタイリングは前髪とサイド、トップだけでOK。すべての髪にヘアアイロンを通す必要はありません。

ヘアアイロンは一定のリズムで、止まらずにゆっくりと通すのがコツです。止めてしまうと、そこだけあとがついてしまうため、なめらかに動かすことを意識しましょう。これにより、ハリのある自然な仕上がりになります。

クールダウンも大切

ヘアアイロンを通したあとは、髪が冷める前にコームでとかすのがポイントです。熱が冷めると、髪のかたちが固定されるため、ヘアアイロンを通してすぐにとかすことで、まとまりがよくなり、ツヤも生まれます。仕上げにアウトバストリートメントか、スタイリング剤で毛束感を出すとシャレたまとまりになります。

髪のハリとツヤは、ストレートアイロンの使い方しだい。とくに「コシがなくなってきた」と感じる人こそ、正しいヘアアイロンの使い方をマスターする価値があります。

ヘアアイロンの使い方を覚えるなら、時間のある夜に練習するのがおすすめです。夜にしっかりとヘアアイロンをかけておくと、寝グセがつきにくくなり、翌朝のセットが格段にラクになります。

たった数分のヘアアイロンで、サロンに行ったような仕上がりを実現できます。そして、朝の身支度がぐっと時短になり、1日のはじまりの気分も明るくなりますよ。

黄金色の櫛を使えば、
さらツヤ美髪になる

忙しい毎日でも、櫛でひと手間をかけるだけで髪がイキイキと輝き、まとまりがぐっとよくなります。

櫛で髪を一本一本やさしく整えることで、静電気を抑え、キューティクルをピタッと密着させる効果があるのです。これだけで、髪がまとまりやすくなり、なめらかなツヤがよみがえります。

とくにおすすめしたい櫛が2つあります。

1つは、ツゲ櫛です。

ツゲ櫛は、時を経るごとに「黄金《こがね》色《いろ》」に輝く、特別な道具です。使いはじめは淡い色をしていますが、使い込むほどにツヤやかで深みのある黄金色に変わっていきます。使うたびに手になじみ、手触りがやさしく、頭皮への刺激も心地よいのが特徴です。さらに、ツゲの木が持つ自然の油分が髪に移り、キューティクルを自然に整えてくれます。

もう1つは、純金加工が施された櫛です。「金属の櫛は髪を傷めるのでは？」と思うかもしれませんが、実際はその逆。

純金加工は、静電気を防ぐ効果が抜群で、髪の表面をなめらかに整え、摩擦を軽減するため、キューティクルがまっすぐ整います。結果として、髪にツヤと透明感が生まれるのです。

さらに、ヘアアイロンを使う際にも、櫛と組み合わせてみてください。

櫛で髪のベースを整え、キューティクルをしっかり整えてからヘアアイロンをかけると、ハリとツヤが増し、仕上がりが見違えるほどよくなります。

この感覚を一度体験すると、櫛なしのヘアアイロンは考えられなくなるでしょう。

髪をとかすと、なんだか気持ちまで整うから、不思議ですよね。

髪の輝きは、
きっと心のキラキラ

私は子どもの頃、母のメイクボックスを開けるのが大好きでした。

その中には、リップやファンデーション、きれいなヘアブラシが並んでおり、私のお気に入りはヘアブラシでした。ヘアブラシに絡んだ髪を綿棒で取り除いてきれいに戻すのも楽しかったです。

そして次の日、何も気づかずに髪をとかす母の姿を見るのが、幸せな時間でした。母がブラシで髪をとかすたび、髪がふわりと舞い、窓から差し込む光を反射してキラキラと輝く。その瞬間が子どもながらに大好きで、見とれていました。

母が使っていたブラシは、幅が狭く、細長い天然毛のもので、やや硬さがありました。長年使い込んでいたそのブラシで、私もよく髪をとかしたり、ポニーテールをつくるときに使っていました。

質のいいブラシは使えば使うほど味が出て、自分にフィットしていきます。とくに天然毛の高級ブラシは、しっかり手入れをすれば10年、いやそれ以上使い続けることができます。

天然毛の最大の特徴は、ブラシに含まれる油分やケラチンです。

髪をとかすたびに、自然なツヤが生まれ、髪がしっとりとまとまっていくのを感じます。髪がどんどんやわらかくなり、その変化に驚くでしょう。

ブラシを使い続けると、髪とブラシがまるで一緒に成長していくように感じます。髪の油分が少しずつブラシに移り、ブラッシングするたびにその油分が髪に戻される。このサイクルが髪の健康を保ち、しっとりとまとまりやすい髪へと導いてくれます。時間が経つにつれて、その違いを実感します。

長年愛用しているブラシは、ただの道具ではなく、髪とともに成長していく相棒のような存在です。ブラシが髪にフィットし、毎日のケアが特別な時間へと変わっていきます。

今でも私は、毎日朝と夜の2回、ブラシで髪を丁寧にとかしています。

朝は、起きてすぐにブラッシングをし、その後、シャワーで髪を湿らせてからドライヤーを使います。こうすることで、頭皮の血行も促進され顔色がよくなり、寝グセが取れて髪がふんわり立ち上がり、自然なツヤと指通りのなめらかさが生まれます。

夜は入浴前にブラッシングをして、髪や頭皮に付着した1日の汚れを取り除きます。
これにより、頭皮がスッキリし、血行が促進されます。

あるとき、娘の髪をとかしながら、ふと気づいたのです。娘はじっと私の手もとを見つめていました。かつての私が、母がブラシで髪をとかす姿を見つめていたように。

髪をとかすたびに、キラキラと輝く。
髪の輝きは、きっと心のキラキラも映しているのかもしれません。あなたの髪をとかす時間が、心を整えるひとときになりますように。

第7章

あなたがずっとほしかったのは「自分に合うメイクができるチカラ」

どういう時間軸で
生きていて、
どういう服を着るかで、
メイクも変わる

メイクで大切なのは、流行よりも「その場にふさわしい自分」をつくることです。どんな時間をすごすか、どんな場所にいるか、そしてどんな服を着るか。それらによってメイクも大きく変わります。

プロのヘアメイクは、そうした「その人がどんな時間を生きているか」を常に意識しています。なぜなら、メイクとはその場にふさわしい自分をつくるための手段だからです。

とくに、テレビの収録現場では、瞬時に判断し、手持ちの道具を駆使して、女優の魅力を最大限に引き出すための工夫を凝らすことが求められます。

たとえば、バラエティ番組に出演する女優のヘアメイクを担当したときのことです。収録現場はカラフルなセットで、彼女が着用する衣装も明るく華やか。でも、少し気になったのが前髪でした。少し伸びていて重さが出ていたのです。

ただし、彼女はこのあとにドラマの撮影も控えていたため、前髪をカットするわけにはいきません。そこで私は「カットせずに短く見せる方法」を考えました。

【プロの工夫】前髪は切らずに短く見せる技術

1 ヘアアイロンで前髪の毛先をカールさせ、軽さをプラス
2 ほんの少し前髪の根もとを持ち上げ、ふんわりとさせる
3 仕上げに、前髪の動きをキープする軽めのヘアスプレーをふわっと吹きかける

前髪に動きをつけることで、まるで髪を短く切ったかのように見せた、この「カットしない前髪リセット」によって、すっきりと明るい印象になりファッションともバランスがとれ、表情や目もとが一段と際立ちました。

さらに、彼女はその日はフリップに書き込む場面が多かったため、髪が顔にかからないようなスタイリングを心がけ、見えないように耳の後ろに隠しピンでまとめました。

その結果、モニターに映し出されたのは、視聴者の目を引きつける美しい存在感。

さらに、疲れがたまって血色が悪いように見えたのですが、メイクを濃くするのではなく、メイク前のマッサージで顔色を整えることに重点を置いて、彼女の自然な輝きを引き出すことができたのです。

彼女のまぶしい笑顔が、番組のポップな雰囲気にぴったりマッチしていました。

こうしたすべての要素を踏まえて、女優の自然な美しさと番組の雰囲気に合うメイクをつくり上げるのが、ヘアメイク担当である私の役目です。


プロのヘアメイクは、どんなに制約がある状況でも、手持ちのツールや知識を駆使して、その場にふさわしいスタイルをつくり上げます。

そのためには、事前にその日の流れやシチュエーションをしっかりとイメージしておくことで、より適切なメイクやヘアスタイルを提案できるのです。

このような経験からも、まずは**「その場にふさわしい自分」をイメージすること**が重要だと感じます。

たとえば、オフィスで長時間すごす日は「健康的で清潔感のあるメイク」が心地よいかもしれません。

一方で、友人との食事会や華やかなパーティーでは、リップを少し大胆な色にしてみたり「遊び心のあるメイク」を楽しむこともできます。

自分を取り巻く環境が、メイクの印象を変える。そして、メイクがその環境の中での自分の在り方を変えていくのです。つまり、環境とメイクは相互の関係なのです。

「メイクはこうあるべき」「ナチュラルメイクが正解」「パーソナルカラーが大事」などなど、メイクにはさまざまな情報があふれていますが、そのどれもが必ず守るべきルールではありません。

本当に大切なのは、「その場にふさわしいメイクを楽しむ」という視点です。そして忘れてはならないのは、自分自身がそのメイクで「心地よい」と感じられることです。

そのためにも、「どんな時間を生きるか」が、メイク以前に大切なことなのです。

「肌」というキャンバスに
描かれているのは「表情」

メイクは、ただ顔に線を描いたり、色を加えたりするだけのものではありません。表情を引き立てるための道具であり、大事なのは、どうイキイキとした表情をつくり出すかです。

メイクを通じて自分の個性を引き出し、自分を受け入れ、内面から輝くことができるのです。

実際に、私の講座を受講した方々の中には、メイクを通じて人生そのものが大きく変わった方がたくさんいます。次は、ある受講生の方の話です。

今の自分を変えたくて、YUTA.さんの講座に参加しました。

受講した最初の課題として、自分の性格や悩みを書き出しました。日々の自分を見つめ直すことで、どうしたいのかが少しずつ見えてきました。

毎日、メイクのよかった点と改善点を書き出したり、スマホで撮影した自分を見たりするなかで、認めたくない部分と向き合うことは、最初は正直しんどかったです。でも、そうしなければ変われないと気づきました。

これまでの私は、できないことを認めず、完ぺきをめざしていました。しかし、講座で「とにかくやってみるしかない」と強く感じました。

小さなことをコツコツ積み重ねることが、いちばんの近道だということも実感しました。

講座の最終日、「シャレるために大切なことは？」というＹＵＴＡ．さんからの質問をきっかけに、メイクの真の意味を考えました。

メイクがうまいからといって、それだけできれいになれるわけではありません。内面の輝きこそが大事で、努力や他人への配慮なども顔に表れるものだと気づきました。自分のことが少し好きになり、心に余裕ができると、他人への接し方も変わります。

私はこれまで、人をうらやましく思うことが多かったです。自分にはないものを持っている人がたくさんいるからです。

でも、メイクを学びながら、同じように自分にもよさがあると考えるようになりました。すると、心のモヤが晴れ、気持ちがラクになりました。

メイクを教わっただけでなく、自分と向き合い、好きになること、そして受け入れることの大切さを学びました。今ある生活がどれだけありがたいかにも気づけました。

講座が終わった今、また自分と向き合う時間がやってきます。これからも「シャレてる自分」をめざし続けたいと思います。

彼女の言葉には、メイクには外見の変化だけでなく内面の変化をもたらすチカラがあることが、はっきりと表れています。

メイクをすることで、肌というキャンバスに描かれている「表情」そのものが変わります。内側から湧き出る自信やポジティブなエネルギーが外に伝わり、それが周囲の人々にも影響を与え、人生が輝きはじめるのです。

表情は生き方

私が小学生の頃、母は更年期だったこともあり疲れやすく、私はよく母にマッサージをしていました。すると、母の疲れた表情が、私の手でやわらぎ、優しくにこやかな表情になりました。

また、母のチリチリの髪をドライヤーでふんわりと整えてあげると、ふとした瞬間に母の笑顔がこぼれます。

「笑顔になると、人はきれいになる。きれいになると、人は笑顔になる」と幼心に思いました。

この気づきは、母の笑顔と一緒に心に刻まれ、私がヘアメイクを仕事にする原体験になっているかもしれません。

私たちは、日々の生活のなかで自分の表情を無意識につくっています。それがどんな表情であれ、無意識だからこそ、そこに生き方が表れてしまうのです。

メイクをする本当の目的は、見た目を整えることだけではありません。表情を豊かにし、内面からの輝きを外に引き出すためです。

表情は、その人の性格、好きなもの、そしてこれまでの人生で抱えてきた感情までも映し出します。いくら外見を完ぺきに整えても、表情がつくり出す印象は、その人の本質を語ってしまいます。

だからこそ、メイクは内面の変化がともなってこそ、本来の力を発揮するのです。

表情は内面を表すということでいえば、自信がない人は、美容院などで自分の顔を鏡でなかなか直視できません。

鏡の中の自分を直視できないのは、「自分」と向き合うことを避けてきたからだと思います。

でも、鏡や自撮りで自分の姿を確認し、メイクの技術と表情のトレーニングを重ねていくと、変化が表れ、「私の顔、いい感じかも」と思いはじめ、少しずつ自信を持つようになります。

メイクやファッションで着飾っても、**その人の内面は必ず外側に表れます。**さらにいえば、長年の思い込みや無意識に抱えていた感情が、表情や所作に影響を与えるのです。

たとえば、こんな「間違った思い込み」を抱えている人はいませんか？

「私はこんな顔だから美しくなれない」「もう年齢的に遅すぎる」。これらは、無意識に「自分の可能性を狭めてしまう呪いの言葉」です。

まずは間違った思い込みを手放し、心の奥底にある感情に向き合うこと。それが心からの美しさを引き出す第一歩です。

自分は毎日どんな表情で生きているかを見つめ直してみてください。表情は、あなたの生き方そのものだからです。

「よく見せたい」
「よく見られたい」
気持ちに
もっと素直になっていい

人から「よく見られたい」という気持ちは、決して悪いものではありません。その気持ちは、あなたが「もっと素敵な自分になりたい」と願う証だからです。「こんな自分になりたい」という気持ちは、自己成長のための原動力にもなります。

だからこそ、他人の美しさを見て「うらやましい」と落ち込んだり、「自分なんて……」と感じたりすることは誰にでもあります。

けれども、他人の評価に振り回される必要はありません。**あなたのゴールは「自分自身が納得できる美しさ」を手に入れることだからです。**

そんな私自身も、かつては他人の意見に振り回されていました。

ヘアメイクとして駆け出しの頃、私は常に「まわりにどう見られているか」を気にしていました。「この仕上げでいいのかな?」と不安でいっぱいでした。

まわりの意見に合わせてメイクのスタイルを変えてばかりいて、その結果、自分が本当にやりたいメイクがわからなくなっていました。

そんなとき、ファッション業界のあるプロデューサーから「自分の手を信じなさい。誰かの正解を待つのではなく、あなた自身が答えを出すのよ」といわれたことが、大きな転機になりました。

その言葉をきっかけに、私は「自分が美しいと思う表現を信じよう」と決意しました。

それからは、他人の意見を気にしすぎず、自分の感覚に従い、思いきりメイクに取り組むようになりました。

不思議なことに、そこから私のメイクは評価されはじめ、雑誌やテレビＣＭの仕事も増えていったのです。


「自分の感覚を信じること」。それは自分らしさにつながります。

そのためには、まず「自分の心に正直になる」ことが大切です。「私はどうありたいのか？」という問いを自分に投げかけてください。

- どんなときがいちばん自分らしい？
- 本当に私がなりたいのは、どんな自分？
- 他人の目を気にせず、「これが私らしい」と心から思える美しさは？

これらの問いに答えることで、「自分がどうありたいか」が見えてきます。あなたの人生は、あなたのものです。自分の感覚を信じて、その思いをそのまま行動に移してみてください。

あなたが本当に望んでいるのは、他人からの評価ではなく、「自分自身が納得できる美しさ」であるからです。

ヘアメイクとして30年で
手にした宝物は
女優やモデルの「輝く秘密」

「一流の女優」や「一流のモデル」と聞くと、華やかな舞台の上で輝く姿が思い浮かぶかもしれません。完ぺきなメイク、洗練されたファッション、そして自信に満ちた表情。

しかし、その美しさの裏側には、私たちには見えていない「影の努力」が隠されているのです。

私はこれまで30年以上、数多くの著名な女優やモデルのメイクを手がけてきました。その中で最も強く感じたのは、「美しさは偶然ではなく、積み重ねられた努力の結果である」ということです。

モデルや女優は、いつどんな瞬間でも「誰かに見られている」ことを意識しています。カメラが回っていなくても、どの角度から見られても美しく映るために、表情や動作を意識し続けているのです。

これは単なる見た目の問題ではなく、徹底した自己管理（セルフマネジメント）の結果です。だからこそ、モデルや女優はどんなシチュエーションでも自然体でありながら、人を惹きつけるオーラを放つことができるのです。

こうしたスキルは決して生まれつきのものではありません。誰もが最初は「普通の人」だったのです。

最初は自分の理想と現実のギャップに直面したりしながら試行錯誤を繰り返し、ときには挫折を経験しながら、自分を磨き上げていくのだと思います。

たとえば、女優やモデルがはじめてカメラの前に立ったときに、意図したポーズがうまくできずに不自然に映ったり、自分ではよくできたと思っても、写真や映像で見るとそれが伝わっていなかったり。そんな思い描いたイメージどおりに表現できないもどかしさは、ときに深い挫折感をもたらします。

また、女優やモデルの世界は華やかな反面、ときに残酷です。さまざまな才能や魅力を持つ人が集まり、その中で「自分には何が足りないのか」「自分には何ができるのか」と悩み、葛藤することも珍しくありません。

さらに、厳しいフィードバックや期待に応えられないプレッシャーで、心が折れそうになることも。

ですが、プロである彼女たちはそこから「何を変えられるのか」を問い続けていくのです。

何度も壁にぶつかり、改善を重ねるなかで、「ベストな自分の表現」を見つけた瞬間、彼女たちは輝き出すのです。

実際に私がヘアメイクをしてきた多くの女優やモデルの中には、はじめは自分の顔に自信を持てず、写真を見るのが怖いという人もいました。

しかし、毎日少しずつ表情や姿勢を意識し、自分の変化を感じはじめると、自信が芽生え、内面からの輝きが表情に表れるようになっていきました。

表情や姿勢への意識は、女優やモデルに限らず、誰にとっても大切なことです。

なぜなら、「人生」という舞台に立つのは、あなた自身だからです。

舞台に立つのは勇気がいります。でも、勇気を出して舞台に立ち続けた人だけが、「最高のカーテンコール」を迎えることができるのです。

「自分でできるチカラ」を
手にしたから、
もう迷わない

—Makeup brings happiness.—

鏡に映る自分の姿が、かつては不安の根源だったことを覚えていますか？　メイクをするたびに、「これでいいの!?」と迷っていた。「なんか違う……」と、答えのない問いを繰り返す日々。

でも、今は違います。なぜなら、あなたは「自分に合うメイクを、自分でできるチカラ」を手に入れたからです。これからは、どんな状況でも自信を持って歩んでいける。もう迷うことはありません。

私たちの身体は、常に変化していて、それは「老い」という言葉で片づけられることもあるかもしれませんが、心は成長しています。

少し前の自分ではできなかったことが、今ではあたりまえのようにできる。その変化に気づけた瞬間、人は「まだまだ自分は成長できる」と信じられるようになるのです。

年齢を重ねるというのは、衰えることではなく、成長することです。

かつてのあなたは、「できないこと」に目を向けてはいませんでしたか？

「これができていない」「まだここが足りない」と自分の足りない部分ばかり見ていた日々。

けれども、今は違います。「今、できること」に目を向けて、1つひとつ積み重ねる自分が、そこにいます。

自撮りに抵抗があったのは、過去の話です。

最初は自分の顔をカメラ越しに見るのが怖かったかもしれません。でも、あなたは勇気を出して、自分と向き合いました。

その瞬間から、あなたの中の迷いが少しずつ消えていきました。自分の顔を客観的に見つめ、「**自分を受け入れる**」という最も大きな成長を手にしたのです。

メイクは、ただのテクニックではなく、自己を肯定するプロセスでもあります。

かつては、「これで本当に合っているのだろうか？」と不安を感じ、メイクの動作もぎこちなかったかもしれません。

今、メイクをしているとき、あなたはどんな気持ちでしていますか？
手に取ったブラシを、自然に軽やかに動かしています。
アイシャドウの色合いを選ぶときも、「これが私の色だ」と確信しています。

「私はこれがいい」

この気持ちを持てるようになったのは、あなたの成長の証です。

メイクは、ただ顔を彩るためのツールではありません。
この本で紹介するメソッドから得たものは、ブラシの使い方やファンデーションの塗り方のようなテクニックだけではありません。それ以上に大切なことにも気づけたはずです。

メイクはあなたが日々をどんな気持ちですごし、どんな自分でありたいかを映し出す「心の鏡」だということを。

メイクや美容で自信を持ったあなたの笑顔は、まわりの人の心を温かくし、あなたのまわりにも光を灯すのです。

「メイクは、心に光を灯すもの」

この言葉の意味を、あなたは今、深く理解できるはずです。

メイクはただの「見た目の変化」ではなく、あなたを輝かせ、幸せにするためのものの。

だからこそ、「今日という1日をどうすごしたいか、どんな気持ちでいたいか」をいつも大切にしてください。

その選択の積み重ねが、今の自分、そして未来の自分をつくっていくからです。

人生の主役は、あなた自身。

自分と向き合い、メイク以前、美容以前を大切にし、そして魔法のチカラを手にして、自分らしく輝いたその先に、「今日の私、なんかいいかも！」と思える日が、きっと訪れますように。

おわりに

この本を手に取ってくださり、最後まで読んでくださって、本当にありがとうございます。

この本は、いわゆる「メイクの本」や「美容の本」とは違うため、そのぶん、理解していただくには少し時間がかかるかもしれません。

メイクに悩んでいる人なら、メイク関連の雑誌や本などで、どうやればビフォー・アフターのアフターのような仕上がりになるのかを知りたいと思うでしょうし、プロのテクニックで簡単にできるなら、それを先に知りたいと考えると思います。

それに、今はYouTubeやInstagramなどの動画で学ぶことだってできます。

でも、長い間、自分に自信が持てなくて、悩み苦しんでいる方にとっては、それらを見てもできない。

なぜなら、そこには美しい顔立ち、美しい肌、輝く笑顔があり、まぶしすぎて目を向けることができないからです。

「どうせ自分なんて……」「あの人は特別だから……」と人と自分を比べてあきらめてしまうのです。

深い深い悩みからとき放たれ、行動に変えるためには、「私でもできるかもしれない」という共感と感動が必要で、同時に、自分を理解していくためには本気で自分と向き合う「強い決意と覚悟」が必要なのです。

そのために、私は自分自身も経験し学び、実際にやってきた「メイク以前の話」を本にする必要があると感じたのです。

自分の顔が理解できていない人にとっては、悩みのタネがどこにあるのかさえわからず、人や物のせいにして、苦しんでいるのだと思います。それに加え、年齢を重ねて老け込んでいく自分を見ることがたまらなくつらいのです。

そんな自分を見ることも、人に見られることも嫌だから「メイクの鎧」をまとい本当の自分を隠し生きている。

でも、「メイク以前」のことがわかると、本当に人生が楽しく回りはじめるのです。なぜ、そう言い切れるのかというと、このメソッドを実践し、本来の自分を覚醒させた人たちがたくさんいるからです。

本当の自分に出会ったときに心が震えるんです。「私、最高じゃん!」と涙が止まらないくらいの感動を経験して、自分のことが大好きになるんです。

正確にいえば、メイクで人生が変わるのではなく、努力した行動の積み重ねが自己肯定感を跳ね上げ、その人の輝きとなってあふれ出てくる魅力となります。

だからこそ、この本でお伝えしたことを、ぜひ「まずはやってみてほしい」と思うのです。

メイクと美容には、魔法のように人生を変えるチカラが本当にあります。この本が、1人でも多くの人の手に渡り、新しい一歩のきっかけになることを願っています。

私自身の新しい一歩について、思い起こされること。

——ヘアメイクになりたい。

そう決めた私は、それまで働いていた大阪の美容室を辞め、ボストンバッグひとつで財布には全財産23万円を詰め込んで、大阪・枚方市駅の夜行バス乗り場に立っていました。

母が見送りに来てくれ、バスのロータリーに入ってくるヘッドライトを見つめていると、突然、車が勢いよく停まりました。仕事帰りの父でした。「頑張るんやで。負けたらあかんで」。そういいながら、握手をしようと差し出した私の手に、何かをそっと挟み込んでくれました。

「はい、はい、わかった。じゃあね」。私は、そっけなく答えてバスに乗り込み、窓の外に見える両親の姿が小さくなっていきます。

手に握りしめていたものを見ると、ティッシュペーパーに油性マジックで「お父さんより」と書かれた、にじんだ文字でした。中には1万円が入っていて、それを見たとたん、こらえていた涙がポロポロこぼれ落ちました。

バスに乗り込むときにそっけなくしてしまった後悔と、両親へのこれまでの感謝の気持ちと、これからはじまる生活への不安が入り混じりながら。バスの中では、まわりの人に気づかれないようにシクシク泣き続け、眠れぬまま到着した新宿駅西口のバスロータリーの朝を今でも鮮明に覚えています。

資生堂SABFAという名門のメイクスクールに通いながらだったので、食事は塩おにぎり1個の生活。昼は学校でメイクのノウハウや技術を磨く。夜は居酒屋で皿洗い。「本当によく頑張ったね」と、あの頃の私に今なら伝えられる「あなたの生き方は、きっと誰かのチカラになる」。その言葉を何度も何度も呪文のように唱えながら、この本を書きました。

ただ、メイクや美容で人を輝かせることは得意でも、私は文章を書くことが苦手で、言葉を使うことはずっと避けてきました。

そんな私にとって、書くことは試練そのもの。何度も何度も、挫けそうになりました。

でも、そのたびに支えてくれたのは、ほかでもないみなさんの声でした。Instagram や YouTube のコメント欄に届く、「やってみようと思います！」「私にもできました！」「シャレたんです！」。そんな言葉の1つひとつが、私を前に進ませてくれました。

そして、担当編集者K氏との出会いがなければ、この本は生まれませんでした。

「必ず、この本を必要としている人がいる」。そう信じて、燃え盛る炎のようにあふれすぎる私の想いを、K氏は包み込み、導いてくれました。冷静でおだやかで、それでいて温かい。本物のプロによって、私の言葉が磨かれ、自分が成長するのを感じました。

でも、第3章を書いているとき、手が止まりました。

「まったく書けません」

K氏にそう伝えたときにいただいたメッセージです。

「たぶん、自分が輝いている感覚って、こういう感じに近いんじゃないかと。じつは大学受験を二浪してまして。二浪目は、友だちの妹が予備校のクラスメイトになったりして、挫折感を味わいながらの日々でした。でも、小論文の授業で、自分なりに満足のいく文章を書けたとき、いつもはうらやましいと思っていた街を歩くカップルも不思議と目に入らなかった。

自分に満足するって、人の目が気にならず、まず自分に合格点を出してあげられることなんですよね。メイクも同じなんじゃないかな、と」

ハッとしました。私は「誰かに気に入られる文章」を書こうとして、自分らしさを見失っていたのです。

それに気づいてから書いた文章は、書いている自分自身が読んでも、言葉にどんどん引き込まれていって、早く次を読みたい、ページをめくりたいと無心で読み進めてしまいました。

途中、なんてことない眉の書き方の解説なのに、なぜだか涙がポロポロ出てきて、止まらなくなってしまいました。

言葉があとから身体に沁みてきて、「あー、わたし、しんどかったんだな、ずっと見た目に不安で押しつぶされていたんだな」。だから、なんとかしなきゃって化粧品を買い漁ってしまっていた頃を思い出しもしました。

そして読んだあとには、私のように、ふふっと笑えて、「ほほー！　なるほど！」と感動して、なんだか元気が湧いて、自分でもやってみよう！　そう思ってもらえる本になっていたら、著者として、これ以上の喜びはありません。

謝辞

最後になりましたが、ヘアメイクアップアーティストとして最大限の評価をくださり、この本をかたちにしてくださった日本実業出版社の川上聡さん。導き、寄り添い、ともに伴走しながら、書くことへの勇気と、言葉を磨く力を引き出してくださいました。川上さんでなければ乗り越えられない山が何度もありました。

実際に私のメソッドを体験し、書籍へ反映させてくださった神村優歩さん。企画段階からあと押しをしてくださり、原稿も丁寧に読んでくださった佐藤美玲さん。より多くの方へこの本のメソッドを届けられるようにと、各方面へ働きかけてくださった小川剛史さん、原田真帆さん。そして、日本実業出版社のみなさま。

素晴らしいブックデザインをしてくださったデザイナーの杉山健太郎さん。わかりやすくシャレたイラストを書いてくださったharumiさん。私の原稿を本というかたちにしてくださったDTPのダーツの松村浩子さん。

私のあふれる想いを本にしたほうがいいと、はじめの一歩をあと押ししてくださった栗田PRオフィスの栗田綾野さん。

言葉を紡ぐ素晴らしさと、著者としての在り方を教えてくださったブックオリティの高橋朋宏さん、平城好誠さん、菊地大樹さん。陰ながら応援してくださった小嶋享子さん、鵜飼未久弥さん、そしてスタッフのみなさまには、「本を出す」ということを通して人生を見つめ直すかけがえのない機会をいただきました。

出版ゼミの同期、先輩、後輩のみなさんのおかげで、大きな波を乗り越えることができました。ともに歩んだ仲間は私にとって大切な存在です。

Instagram の投稿をはじめたとき、何もわからなかった私を支え続けてくださった FunTre 株式会社の伊藤真由さん、そしてそれぞれの専門分野で力を注いでくださった井上真理さん、松浦孝征さん、沙魚川里佳さん。

オンライン講座の立ち上げにあたり、貴重な知識と助言をくださった Feliz Web の伊藤有美さん。

より多くの方にこのメソッドを知っていただくために、惜しみなく知見を共有し導いてくださった徳武輝彦さん。システムの設定に悩み苦しむ私を力強く支えてくださった合同会社 comodo design systems の堀田威一郎さん。

YouTube の制作において、卓越した映像技術と豊かな創造力で私の想いをかたちにしてくださった株式会社 Goat-Films 代表の瀬川裕生さん。

ヘアメイクアップアーティストとして最大限の力を発揮できるよう、いつも的確なマネジメントで支えてくださっている IIZUMI OFFICE の工匠ひろこさん。

私のキャリアとノウハウすべてを注いだメソッドを実践し、見違えるほどの輝きを放つ「シャレ顔メイクアカデミー講座生」の存在は私の誇りです。

Neuf358の立ち上げから、つらいときも苦しいときも笑ってともに乗り越えてきた蔵本仁美さん、そしてブランドの認知拡大に尽力してくださっている静陽子さん。

スキンケアの正しい使い分けや普遍的な知識を惜しみなく注いでくださる株式会社マッシュビューティーラボの下田裕華さん。

ファッションの奥深さ、自分らしく着こなす楽しさを教えてくださり、憧れの存在である株式会社ユナイテッドアローズPRの本多美奈子さん。

苦境の折、ポジティブマインドで手を差し伸べてくださった熊谷和海さん。

多くの貴重な助言をくださり、道を照らしてくれたコピーライターの大塚幸子さん。

いつも的確な助言と指導をくださる伊東会計事務所の伊東晴俊先生。

津村漢方薬局の津村哲也先生の深い知識と丁寧な助言のおかげで、長引く体調不良から抜け出すことができました。

大阪時代から変わらず力強い支援を届けてくださる雷光シザー藤田芳朗さん。

これまで、ご一緒した、すべての方々に、心より感謝いたします。

そして、いつも私を心配し、応援し続けてくれた天国の父、明るく前向きな80歳を迎える母。あなたたちの娘に生まれたからこそ、今の私があります。

私が体調を崩すたび、香川から飛行機で駆けつけてくれた義理の母。私たち家族を見守り支えてくださるその温かさに、心から感謝しています。最愛の娘。はじける笑顔と元気いっぱいの日々をありがとう。あなたは天から授かった私の宝物です。
最愛の夫。何もいわず、笑顔で見守り支えてくれてありがとう。あなたの笑顔とサポートがなければ、私は前に進むことができませんでした。

ここには書ききれないほど、多くの方々の愛、笑顔、情熱に支えられて、この本は生まれました。

そして最後まで読んでくださったあなたへ。心より感謝申し上げます。
この本が、あなたの人生に新しい輝きをもたらしますように。

ヘアメイクアップアーティスト　ＹＵＴＡ．

YUTA.（ゆた）

ヘアメイクアップアーティスト。1974年大阪府生まれ。美容師としてデビュー後、テレビ大阪「スーパー美容師変身バトル」にレギュラー出演。2000年美容業界誌『ヘアモード』の年間グランプリを受賞し、SHISEIDO SABFAでノウハウや技術を磨く。その後、TVCMや『Sweet』『VERY』などのファッション誌、CDジャケット撮影などで活躍。女優やモデルをはじめ、延べ２万人以上のヘアメイクを担当。2018年には「CLEARシャンプー」のWeb版CMに出演し話題に。第一線で活躍し続けて30年、オリジナルブランド「Neuf358」の立ち上げ、コスメの商品開発アドバイザー、美容セミナー講師としても活動の幅を広げる。Instagramでは多くの共感を集め、寄せられるメッセージをきっかけに一般向けのオンライン講座を開講。１人ひとりの魅力を引き出し、メイクによって人生を好転させる「YUTA.式シャレ顔メソッド」を伝えている。

Instagram　https://www.instagram.com/yuta_caroys
YouTube　https://www.youtube.com/@yuta.sharemake
公式LINE　https://sub.sharegao-make.com/p/book-line
Neuf358（オリジナルブランド）　https://neuf358.official.ec

なんとなくの自己流《じこりゅう》から抜《ぬ》け出《だ》す

今《いま》の自分《じぶん》に合《あ》うメイクの正解《せいかい》

2025年５月10日　初版発行

著　者　YUTA. ©yuta. 2025
発行者　杉本淳一

発行所　株式会社日本実業出版社　東京都新宿区市谷本村町３-29 〒162-0845
編集部　☎03-3268-5651
営業部　☎03-3268-5161　振　替　00170-1-25349
https://www.njg.co.jp/

印刷・製本／中央精版印刷

ISBN 978-4-534-06185-0　Printed in JAPAN

日本実業出版社の本

下記の価格は消費税(10%)を含む金額です。

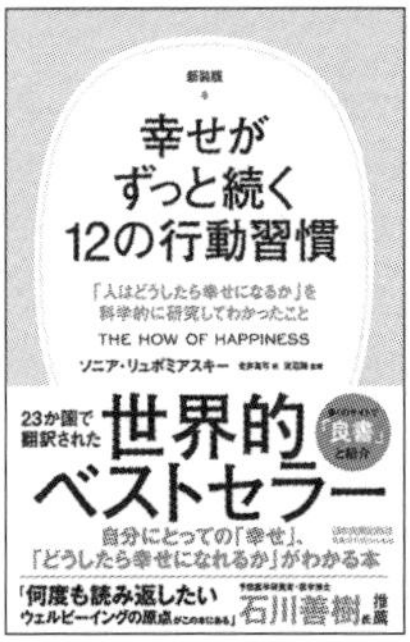

新装版 幸せがずっと続く12の行動習慣

「人はどうしたら幸せになるか」を科学的に研究してわかったこと

ソニア・リュボミアスキー 著
金井真弓 訳
定価 1870 円(税込)

23か国で翻訳されている世界的ベストセラー! 「ウェルビーイング」や「持続的な幸福」について研究し続けているリュボミアスキー博士が「人は何によって幸せになるのか」をまとめた1冊。

わたしの心が傷つかないように

ひとりでいたいけど、ひとりになりたくない自分のために

ソルレダ 作・絵
李 聖和 訳
定価 1540 円(税込)

8万部突破! BTSのメンバー愛読書として話題の韓国イラストエッセイ。よく失敗する、傷つく、悩む……そのようなか自分を大切にしようと前を向く黄色いウサギ・ソルトに勇気をもらえる1冊。

「今、ここ」に意識を集中する練習

心を強く、やわらかくする「マインドフルネス」入門

ジャン・チョーズン・ベイズ 著
高橋由紀子 訳
定価 1760 円(税込)

7万部突破! マインドフルネスが53の練習で手軽に実践できる。「今、ここ」に意識を集中すると、過去のことにくよくよすることも未来への不安もなくなり、人生のパフォーマンスが劇的に変わる。

定価変更の場合はご了承ください。